Suhrkamp BasisBibliothek 60

Diese Ausgabe der »Suhrkamp BasisBibliothek – Arbeitstexte für Schule und Studium« bietet Hans-Ulrich Treichels erfolgreiche, in über zwanzig Sprachen übersetzte Novelle *Der Verlorene*, ergänzt um einen Kommentar, der alle für das Verständnis des Textes erforderlichen Informationen enthält, sowie einen Anhang mit Treichels erster Frankfurter Poetikvorlesung und einigen Gedichten. Die Schreibweise des Kommentars entspricht den neuen Rechtschreibregeln.

Jürgen Krätzer, Dr. phil., geboren 1959, Tätigkeit an verschiedenen Kultur- und Bildungseinrichtungen, Redaktionsmitglied der *Zeitschrift für Literatur, Kunst und Kritik die horen*. Rezensionen, Essays, Aufsätze zur Literatur nach 1945 und der Literatur der Aufklärung.

Hans-Ulrich Treichel
Der Verlorene

Mit einem Kommentar
von Jürgen Krätzer

Suhrkamp

Der vorliegende Text folgt der Ausgabe: Hans-Ulrich Treichel, *Der Verlorene*, Frankfurt am Main: Suhrkamp Verlag 1999 (= suhrkamp taschenbuch 3061).

7. Auflage 2019

Erste Auflage 2005
Originalausgabe
Suhrkamp BasisBibliothek 60

Satz: pagina GmbH, Tübingen
Druck: CPI – Ebner & Spiegel, Ulm
Umschlagabbildung: Renate von Mangoldt
Umschlaggestaltung: Regina Göllner und Hermann Michels
Printed in Germany
ISBN 978-3-518-18860-6

Inhalt

Der Verlorene

Mein Bruder hockte auf einer weißen Wolldecke und lachte in die Kamera. Das war während des Krieges, sagte die Mutter, ⌜im letzten Kriegsjahr⌝, zuhaus. Zuhaus, das war der Osten, und der Bruder war im Osten geboren worden. Während die Mutter das Wort »Zuhaus« aussprach, begann sie zu weinen, so wie sie oft zu weinen begann, wenn vom Bruder die Rede war. Er hieß Arnold, ebenso wie der Vater. Arnold war ein fröhliches Kind, sagte die Mutter, während sie das Photo betrachtete. Dann sagte sie nichts mehr, und auch ich sagte nichts mehr und betrachtete Arnold, der auf einer weißen Wolldecke hockte und sich freute. Ich weiß nicht, worüber Arnold sich freute, schließlich war Krieg, außerdem befand er sich im Osten, und trotzdem freute er sich. Ich beneidete den Bruder um seine Freude, ich beneidete den Bruder um die weiße Wolldecke, und ich beneidete ihn auch um seinen Platz im Photoalbum. Arnold war ganz vorn im Photoalbum, noch vor den Hochzeitsbildern der Eltern und den Porträts der Großeltern, während ich weit hinten im Photoalbum war. Außerdem war Arnold auf einem ziemlich großen Photo abgebildet, während die Photos, auf denen ich abgebildet war, zumeist kleine, wenn nicht winzige Photos waren. Photos, die die Eltern mit einer sogenannten ⌜Box⌝ geschossen hatten, und diese Box konnte anscheinend nur kleine beziehungsweise winzige Photos machen. Die Photos, auf denen ich abgebildet war, mußte man schon sehr genau betrachten, um überhaupt irgend etwas erkennen zu können. Eines dieser winzigen Photos zeigte beispielsweise ein Wasserbecken mit mehreren Kindern, und eines dieser Kinder war ich. Allerdings war von mir nur der Kopf zu sehen, da ich, der ich damals noch nicht schwimmen konnte, im Wasser saß, das mir wiederum fast bis zum Kinn reichte. Außerdem war mein Kopf teilweise verdeckt von einem im Wasser und vor mir stehenden Kind, so daß das winzige Photo, auf dem ich abgebildet war, nur einen Teil meines Kopfes direkt über der Wasseroberfläche zeigte. Darüber hinaus lag auf dem sichtbaren Teil des Kopfes ein Schatten, der wahrscheinlich von dem vor mir stehenden Kind ausging, so daß von mir in Wahrheit nur das rechte Auge zu sehen war. Während mein Bruder Arnold schon zu Säuglingszeiten nicht nur wie ein glücklicher, sondern auch wie ein bedeutender Mensch aussah, war ich auf den meisten Photos meiner Kindheit zumeist nur teilweise und manchmal auch so gut wie überhaupt nicht zu sehen. So gut wie überhaupt nicht zu sehen war ich beispielsweise auf einem Photo, das anläßlich meiner Taufe aufgenommen worden war. Die Mutter hielt ein weißes Kissen auf dem Arm, über dem eine wiederum weiße Decke lag. Unter dieser Decke befand ich mich, was man daran erkennen konnte, daß die Decke sich am unteren Ende des Kissens verschoben hatte und die Spitze eines Säuglingsfußes darunter hervorschaute. In gewisser Weise setzten alle weiteren Photos, die von mir in meiner Kindheit gemacht worden waren, die Tradition dieses ersten Photos fort, nur daß auf späteren Photos statt des Fußes der rechte Arm, die halbe Gesichtshälfte oder wie auf dem Schwimmbadphoto ein Auge zu sehen war. Nun hätte ich mich mit der nur teilweisen Anwesenheit meiner Person im Familienalbum abfinden können, hätte es sich die Mutter nicht zur Angewohnheit gemacht, immer wieder nach dem Album zu greifen, um mir die darin befindlichen Photos zu zeigen. Was jedesmal darauf hinauslief, daß über die kleinen und winzigen und mit der Box geschossenen Photos, auf denen ich beziehungsweise einzelne Körperteile von mir zu sehen waren, ziemlich schnell hinweggegangen wurde, während das mir gleichsam lebensgroß erscheinende Photo, auf dem mein Bruder Arnold zu sehen war, Anlaß zu unerschöpflicher

Betrachtung bot. Das hatte zur Folge, daß ich zumeist mit verkniffenem Gesicht und mißlaunig neben der Mutter auf dem Sofa saß und den fröhlichen und gutgelaunten Arnold betrachtete, während die Mutter zusehends ergriffener wurde. In den ersten Jahren meiner Kindheit hatte ich mich mit den Tränen der Mutter zufriedengegeben und mir keine weiteren Gedanken darüber gemacht, warum die Mutter beim Betrachten des fröhlichen Arnold so häufig zu weinen begann. Und auch die Tatsache, daß Arnold wohl mein Bruder war, ich ihn aber noch niemals leibhaftig zu Gesicht bekommen hatte, hatte mich die ersten Jahre nur beiläufig beunruhigt, zumal es mir nicht unlieb war, mein Kinderzimmer nicht mit ihm teilen zu müssen. Irgendwann aber klärte mich die Mutter insoweit über Arnolds Schicksal auf, als sie mir offenbarte, daß Arnold ⌜auf der Flucht vor dem Russen⌝ verhungert sei. »Verhungert«, sagte die Mutter, »in meinen Armen verhungert.« Denn auch sie selbst sei mehr oder weniger gänzlich ausgehungert gewesen während des langen ⌜Trecks⌝ vom Osten in den Westen, und sie habe keine Milch und auch sonst nichts gehabt, um das Kind zu ernähren. Auf meine Frage, ob denn niemand außer ihr Milch für das Kind gehabt habe, sagte die Mutter nichts, und auch alle meine anderen Fragen nach den näheren Umständen der Flucht und dem Verhungern meines Bruders Arnold beantwortete sie nicht. Arnold war also tot, was wohl sehr traurig war, mir aber den Umgang mit seinem Photo erleichterte. Der fröhliche und wohlgeratene Arnold war mir nun sogar sympathisch geworden, und ich war stolz darauf, einen toten Bruder zu besitzen, der zudem noch so fröhlich und wohlgeraten ausschaute. Ich trauerte um Arnold, und ich war stolz auf ihn, ich teilte mit ihm mein Kinderzimmer und wünschte ihm alle Milch dieser Welt. Ich hatte einen toten Bruder, ich fühlte mich vom Schicksal ausgezeichnet. Von meinen Spielkameraden hatte kein einziger einen toten und schon gar nicht einen auf der Flucht vor dem Russen verhungerten Bruder.

Arnold war mein Freund geworden, und er wäre auch mein Freund geblieben, hätte mich die Mutter nicht eines Tages um das gebeten, was sie eine »Aussprache« nannte. Eine Aussprache war etwas, worum mich die Mutter noch nie gebeten hatte, und auch der Vater hatte mich noch nie um eine Aussprache gebeten. Überhaupt bin ich während meiner gesamten Kindheit und ersten Jugendjahre niemals um eine Aussprache oder um etwas gebeten worden, was einer Aussprache auch nur annähernd gleichgekommen wäre. Dem Vater reichten kurze Befehle und Arbeitsanweisungen, um sich mit mir zu verständigen, und die Mutter redete wohl gelegentlich mit mir, doch meist lief das Gespräch auf den Bruder Arnold und damit auf Tränen oder Schweigen hinaus. Die Aussprache wurde von der Mutter mit den Worten eröffnet, daß ich nun alt genug sei, um die Wahrheit zu erfahren. »Was für eine Wahrheit«, fragte ich die Mutter, denn ich befürchtete, daß es hierbei vielleicht um mich gehen könnte. »Es geht«, sagte die Mutter, »um deinen Bruder Arnold.« In gewisser Weise war ich erleichtert, daß es wieder einmal um Arnold ging, andererseits aber ärgerte es mich auch. »Was ist mit Arnold«, sagte ich, und die Mutter schien schon wieder den Tränen nahe, worauf ich die spontane, aber nicht sehr überlegte Frage stellte, ob Arnold etwas zugestoßen sei, was die Mutter mit einem irritierten Blick quittierte. »Arnold«, sagte die Mutter ohne ein weiteres einleitendes Wort, »Arnold ist nicht tot. Er ist auch nicht verhungert.« Ich war nun ebenfalls irritiert und auch ein wenig enttäuscht. Doch statt zu schweigen, fragte ich die Mutter, wiederum ohne lange nachzudenken, woran Arnold denn dann gestorben sei. »Er ist gar nicht gestorben«, sagte die Mutter noch einmal und ohne jegliche Regung, »er ist verlorengegangen.« Darauf erzählte sie mir die Geschichte vom verlorengegangenen Arnold, die ich zum Teil verstanden und zum Teil auch nicht verstanden habe. Die Geschichte deckte sich einerseits mit der vom gestorbenen und verhungerten Arnold, und andererseits war es eine gänzlich neue Geschichte. Arnold hatte tatsächlich auf dem Treck vom Osten in den Westen Hunger gelitten, und die Mutter hatte tatsächlich weder Milch noch eine andere Nahrung für das Kind gehabt. Doch war Arnold nicht verhungert, sondern abhanden gekommen, und es fiel der Mutter schwer, den Grund für Arnolds Verschwinden auch nur annähernd begreiflich zu machen. Irgendwann, soviel verstand ich, ist auf der Flucht vor dem Russen etwas Schreckliches passiert. Was es war, sagte die Mutter nicht, sie sagte nur immer wieder, daß auf der Flucht vor dem Russen etwas Schreckliches passiert sei und daß ihr auch der Vater nicht habe helfen können und daß ihr niemand habe helfen können. Wohl seien in dem Treck Tausende von Menschen gen* Westen gezogen, und lange Zeit habe es auch so ausgesehen, als würden sie den Treck einigermaßen unbeschadet überstehen und den Abstand zwischen sich und dem Russen Tag für Tag ein wenig vergrößern. Doch eines Morgens, sie hatten gerade ein kleines, westlich von Konin gelegenes Bauerndorf hinter sich gelassen, stand plötzlich der Russe vor ihnen. Der Russe war völlig überraschend aus dem Morgennebel aufgetaucht. Die ganze Nacht hätten sie weder etwas gehört noch gesehen, keinen Motorenlärm, keine Stiefelschritte, keine »Dawai! Dawai!*«-Rufe. Doch plötzlich war der Russe da. Wo eben noch ein leeres Feld war, standen dreißig, vierzig bewaffnete Russen, und ausgerechnet an der Stelle, an der die Mutter mit dem Vater und dem kleinen Arnold unterwegs war, unterbrachen sie den Flüchtlingstreck und suchten sich ihre Opfer heraus. Da sie sofort gewußt hatte, daß nun etwas Schreckliches passieren würde, und da einer der Russen dem Vater bereits ein Gewehr vor die Brust gedrückt hatte, gelang es der Mutter gerade noch, einer neben ihr hergehenden Frau, die zum Glück von keinem der Russen aufgehalten wurde, das Kind

gen: nach

Dawai! Dawai!: (russ.) Los! Vorwärts!

in die Arme zu legen. Doch geschah dies so schnell und in Panik, daß sie keine Gelegenheit hatte, mit der Frau auch nur ein einziges Wort zu wechseln, nicht mal den Namen des kleinen Arnold konnte sie der Frau zurufen, die auch sofort in der Menge der Flüchtenden verschwand. Das Schreckliche, sagte die Mutter, sei dann insofern doch nicht passiert, als die Russen weder sie noch den Vater erschossen hätten. Denn das sei das erste gewesen, was sie befürchtet hatten, und darum habe sie auch den kleinen Arnold der fremden Frau in die Arme gedrückt. Andererseits aber, so die Mutter, sei das Schreckliche dann doch passiert. »Das Schreckliche aber«, sagte die Mutter, »ist dann doch passiert.« Daraufhin weinte sie wieder, und ich war mir sicher, daß sie um Arnold weinte, und um sie zu trösten, sagte ich ihr, daß sie Arnold schließlich das Leben gerettet habe und nicht zu weinen brauche, worauf die Mutter sagte, daß das Leben Arnolds gar nicht bedroht gewesen sei. Und auch das Leben des Vaters sei nicht bedroht gewesen und auch ihr eigenes nicht. Wohl sei ihr etwas Schreckliches zugefügt worden von den Russen, aber die Russen hätten es gar nicht auf ihr Leben oder das ihrer Familie abgesehen gehabt. Die Russen hätten es immer nur auf eines abgesehen gehabt. Aber sie habe voreilig Angst um ihr eigenes Leben und das Leben ihres Kindes gehabt, und in Wahrheit habe sie auch voreilig das Kind weggegeben. Nicht einmal Arnolds Namen habe sie der Frau noch zurufen können, so groß seien die Panik und das Durcheinander gewesen, und auch die Frau habe nur das Kind an sich drücken und weiterlaufen können. »Arnold lebt«, sagte die Mutter, »aber er trägt einen anderen Namen.« »Vielleicht«, sagte ich darauf, »hat er ja Glück gehabt, und sie haben ihn wieder Arnold genannt«, worauf mich die Mutter so verständnislos und traurig ansah, daß mir das Blut in den Kopf schoß und ich mich schämte. Dabei hatte ich die Bemerkung nur gemacht, weil ich wütend auf Arnold war. Denn erst jetzt begann ich zu begreifen, daß Arnold, der untote Bruder, die Hauptrolle in der Familie spielte und mir eine Nebenrolle zugewiesen hatte. Ich begriff auch, daß Arnold verantwortlich dafür war, daß ich von Anfang an in einer von Schuld und Scham vergifteten Atmosphäre aufgewachsen war. Vom Tag meiner Geburt an herrschte ein Gefühl von Schuld und Scham in der Familie, ohne daß ich wußte, warum. Ich wußte nur, daß ich bei allem, was ich tat, eine gewisse Schuld und eine gewisse Scham verspürte. So verspürte ich beispielsweise immer während des Essens eine Schuld und eine Scham, ganz unabhängig von der Speise, die mir vorgesetzt wurde. Wenn ich ein Stück Fleisch aß, regte sich mein Gewissen; und ebenso regte es sich, wenn ich eine Kartoffel oder meinen Nachtisch aß. Ich fühlte mich schuldig, weil ich aß, und ich schämte mich, weil ich aß. Wohl spürte ich sehr genau, daß ich mich schuldig fühlte und daß ich mich schämte, aber es war mir gänzlich unerklärlich, warum ich, der ich doch nichts weiter als ein unschuldiges Kind war, mich wegen eines Stückes Fleisch oder einer Kartoffel schämen oder gar schuldig fühlen mußte. Ebenso unerklärlich war mir, warum ich mich schuldig fühlen mußte, wenn ich Radio hörte, Fahrrad fuhr, mit den Eltern einen Ausflug oder Spaziergang machte. Doch gerade die Spaziergänge oder Ausflüge mit den Eltern, die ausschließlich sonntags stattfanden, drückten mein Gewissen und lösten große Schamgefühle in mir aus. Wenn ich mit dem Vater und der Mutter die Hauptstraße unseres Ortes entlangging, schämte ich mich dafür, daß ich mit ihnen die Hauptstraße unseres Ortes entlangging. Wenn wir mit der schwarzen Limousine, die der Vater in seinen beruflich erfolgreichen Zeiten angeschafft hatte, den Ort verließen, um den nahegelegenen Teutoburger Wald anzusteuern, schämte ich mich und fühlte mich schuldig, weil wir den Teutoburger Wald ansteuerten. Hatten wir schließlich unser Ziel erreicht und gingen den immer gleichen Waldweg entlang, der uns zum sogenannten ⌜Bismarckturm⌝ führte, dann schämte ich mich und fühlte mich schuldig, weil wir den immer gleichen Waldweg entlanggingen. Natürlich schämte ich mich auch und fühlte mich schuldig, wenn wir endlich angekommen waren und auf den Bismarckturm hinaufstiegen, um von dort aus in die Ebene zu schauen, wo sich in der Ferne der Kirchturm meines Heimatortes erhob. Die Spaziergänge und die Ausflüge, die ich mit den Eltern unternahm, waren wahre Schuld- und Schamprozessionen. Wobei auch die Eltern während dieser Ausflüge einen bedrückten und gepeinigten Eindruck machten und es mir immer so vorkam, als schleppten sie sich jeden Sonntag regelrecht aus dem Haus. Andererseits wäre es ihnen nie in den Sinn gekommen, auf die sonntäglichen Ausflüge zu verzichten, denn die sonntäglichen Ausflüge dienten erstens der Erhaltung der Arbeitskraft und waren zweitens dem christlichen Respekt vor dem Sonntag geschuldet. Doch waren die Eltern unfähig, Freizeit oder Erholung auch nur in Ansätzen zu genießen. Anfangs hatte ich mir diese Unfähigkeit mit ihrer einerseits schwäbisch-⌜pietistischen⌝ und andererseits ostpreußischen Herkunft erklärt, denn ich wußte aus den Erzählungen der Eltern, daß weder der schwäbisch-pietistische noch der ostpreußische Mensch auch nur annähernd in der Lage ist, so etwas wie Freizeit oder Erholung zu genießen. Dann aber hatte ich begriffen, daß ihre Unfähigkeit zur Freizeit und zur Erholung mit dem verlorengegangenen Bruder Arnold und dem Schrecklichen, was die Russen ihnen und speziell der Mutter angetan hatten, zusammenhing. Allerdings bildete ich mir ein, mehr als die Eltern unter den verdorbenen Ausflügen zu leiden, denn für die Eltern, die der Überzeugung waren, daß der Mensch nicht auf der Welt sei, um Ausflüge zu machen, sondern um zu arbeiten, waren die Ausflüge in gewisser Weise ohnehin verdorben. Ich dagegen liebte Ausflüge und hätte am liebsten meine Tage mit Ausflügen verbracht. Freilich nicht mit solchen, die ich nun mit den Eltern machte. Gegen diese Ausflüge entwickelte ich mit der Zeit eine so große Abneigung, daß die Eltern mich nur noch unter Androhung von Strafe dazu bewegen konnten, sie zu begleiten. Die schönste Strafe, die mir die Eltern androhten, war Hausarrest. Doch in den Genuß des sonntäglichen Hausarrestes kam ich erst, nachdem ich mir eine spezielle Form von Reisekrankheit zugelegt hatte, die auch bei kleineren Ausflügen bereits Wirkung zeigte. Hauptsymptom der Reisekrankheit war eine körperliche Unverträglichkeit von Bewegung, wobei ein gewisser Unterschied darin bestand, ob ich mich selbst bewegte oder bewegt wurde. Bewegte ich mich selbst, während unserer Spaziergänge im Ort beispielsweise, wurde mir zumeist schwindlig, so daß ich mich auf eine Bank setzen mußte. Wurde ich bewegt, dann mußte ich mich erbrechen. Am meisten mußte ich mich während unserer Ausflugsfahrten mit der neuen schwarzen Limousine erbrechen, wogegen ich mich bei unseren Fahrten mit dem silbergrau lackierten Ford, dem sogenannten Buckeltaunus, niemals erbrechen mußte. Der alte Ford war das einzige Gefährt meiner Kindheit, in dem mir nicht schlecht wurde. Allerdings hatte der Vater den Wagen schon nach den ersten geschäftlichen Erfolgen wieder veräußert*, um zuerst einen Opel Olympia und dann die schwarze Limousine mit den Haifischzähnen anzuschaffen. Im Opel Olympia hatte ich mich nicht regelmäßig, aber doch häufig erbrochen. Wogegen ich mich in der schwarzen Limousine regelmäßig erbrach. Was nicht nur bedeutete, daß ich oft mit verschmutzter Kleidung, bleich und geschwächt wieder nach Hause transportiert wurde. Auch der Wagen mußte nach jedem unserer mißglückten Ausflüge gründlich gereinigt und gelüftet werden, bevor er wieder einsatzfähig war. Schließlich beschlossen die Eltern, die Sonntagsausflüge nun nicht mehr

verkauft

mit dem Wagen, sondern mit der Eisenbahn zu unternehmen, die zwischen meinem Heimatort und dem Teutoburger Wald verkehrte und sich darum auch Teutoburger-Wald-Eisenbahn nannte. Wohl mußte ich mich auch in der Teutoburger-Wald-Eisenbahn erbrechen, doch waren die Waggons mit Holzbänken ausgestattet, und außerdem konnte ich auf die Zugtoilette ausweichen, wenn die Zeit dazu ausreichte. Die Eltern hätten sich mit dem regelmäßigen Erbrechen in der Teutoburger-Wald-Eisenbahn ohne weiteres arrangiert, wären da nicht die anderen Mitreisenden gewesen, die vor allem dann an meinem Erbrechen Anstoß nahmen, wenn es mir nicht mehr gelang, die Zugtoilette aufzusuchen und ich mich auf den Fußboden oder die Sitzbänke erbrach. Schließlich kapitulierten die Eltern, und ich durfte die Sonntage allein im Haus verbringen, was für mich zu den schönsten Kindheitserinnerungen zählt. Um genau zu sein: vor allem der erste Sonntag, den ich allein im Haus verbringen durfte, zählt zu den schönsten Kindheitserinnerungen. Wobei es im wesentlichen die erste Viertelstunde nach dem Weggang der Eltern war, während der ich mich rundum glücklich und frei gefühlt habe. Nachdem diese Viertelstunde vorüber war, stellte sich ein bedrückendes Gefühl von Beklemmung und Verlassenheit ein, dem ich durch verschiedene Ablenkungen zu entkommen suchte. Eine dieser Ablenkungen bestand darin, daß ich mich an das geöffnete Wohnzimmerfenster setzte, die Augen schloß und versuchte, die Typen der vorbeifahrenden Autos an ihrem Motorengeräusch zu erkennen. Ich war mit der Zeit so routiniert in diesem Spiel, daß ich die meisten der Fahrzeuge schon erriet, bevor sie unser Haus überhaupt erreicht hatten. Allerdings bestand damals auch ein Großteil der Autos aus den Basismodellen von VW und ⌜DKW⌝. Schwieriger wurde es bei ausländischen Fahrzeugen, doch kam es nur wenige Male vor, daß ich, nachdem ich das fremde Motorengeräusch nicht identifizieren konnte, die Augen öffnete und einem Wagen hinterherblickte, den ich zuvor noch nie gesehen hatte. Ich erreichte bei diesem Spiel eine Trefferquote, die bei ungefähr neunzig Prozent lag, und langweilte mich bald dementsprechend, so daß ich dazu überging, jeden Sonntag nur noch eine mir selbstauferlegte Pflichtmenge von fünfzig Autos zu verarbeiten und mich dann anderweitig abzulenken. Diese anderweitige Ablenkung bestand in exzessivem Radiohören, was darauf hinauslief, daß ich stundenlang vor der erleuchteten Skala saß und unablässig den Sender wechselte. Radiohören langweilte mich, und exzessives Radiohören langweilte mich noch mehr. In gewisser Weise spürte ich schon als Kind und lange vor Einführung des Fernsehens, daß das Radio kein Fernseher war. Das Radio vergnügte mich nicht, und es lenkte mich auch nur so lange von der häuslichen Beklemmung und Bedrückung ab, bis ich während meiner beständigen Sendersuche plötzlich auf russische oder wenigstens russisch klingende Worte stieß. Wohl war ich überrascht, daß sich in einem ostwestfälischen Radio ein russischer Sender befand, andererseits wußte ich aus den Erzählungen der Eltern, daß dem Russen alles zuzutrauen war. Obgleich ich kein Wort von dem verstand, was der Russe im Radio redete, lauschte ich begierig den fremden Lauten. Und je länger ich den Worten des Russen zuhörte, die mal wie Befehle oder wie Anweisungen klangen und dann wieder einem melancholischen Singsang ähnelten, um so mehr schien es mir, als würde ich nicht nur einzelne Teile der Russenrede verstehen, ich bildete mir auch ein, daß die Worte des Russen irgend etwas mit mir und meiner Familie zu tun hatten. Natürlich war ich mir meiner Sache nicht sicher, sah mich aber in meiner Sonntagseinsamkeit vor dem Radio immer wieder von dem Gedanken verfolgt, daß der Russe von der Schande redete und dem Schrecklichen, das meinen Eltern und speziell der Mutter widerfahren war, und daß von dieser Schande und

Veralt. für das Medium, in dem sich die elektr. Wellen ausbreiten

dem Schrecklichen nun der ganze Äther* erfüllt war. Glücklicherweise erlaubte es der geschäftliche Erfolg dem Vater, einen ⌜Fernseher⌝ anzuschaffen, so daß ich mich der beängstigenden Wirkung des Radios und speziell des russischen Senders ohne Schwierigkeiten entziehen konnte. Allerdings war es dem Vater, der nichts dabei fand, daß ich meine einsamen Sonntagsstunden allein vor dem Radio verbrachte, unerträglich, daß ich diese Stunden auch vor dem Fernseher verbrachte. Wohl hatte er einen Fernseher gekauft, aber er ertrug es nicht, daß der Fernseher eingeschaltet wurde. Und wenn er eingeschaltet wurde, dann durfte er nur mit seiner Erlaubnis eingeschaltet werden, wobei letztere jederzeit widerrufbar war. Der Fernseher durfte nur eingeschaltet werden, wenn der Vater es erlaubte, doch wenn der Vater es erlaubte, tat er dies auf so widerwillige und manchmal auch wütende Art und Weise, daß die Freude am Fernsehen sofort verdorben war. Außerdem konnte der Vater von einer Sekunde auf die andere den Einfall haben, daß der Fernseher ausgeschaltet werden müsse, weil er etwas mitzuteilen habe. Ihm war es ganz und gar unmöglich, mir irgend etwas bei laufendem Fernseher mitzuteilen. Und natürlich hatte der Vater, der normalerweise nur wenig mit mir sprach und stundenlang an mir vorbeischauen konnte, ohne auch nur ein einziges Mal das Wort an mich zu richten, mir immer dann etwas mitzuteilen, wenn der Fernseher lief. Wobei er nicht nur den laufenden Fernseher nicht ertragen konnte, es war ihm auch unmöglich, den Fernseher selbst auszuschalten. Statt dessen sagte er »Fernseher aus« oder auch nur »Kasten aus«, und schon sprang ich vom Stuhl und schaltete den Apparat aus. Die Mitteilungen, die dann folgten, waren nichts anderes als immer neue Arbeitsanweisungen. Entweder fiel dem Vater ein, daß der Hof gefegt werden mußte, oder es galt, einen Karton mit abgelegten Kleidern oder Hausrat auf den Dachboden zu tragen, oder aber es mußte ein Brief zur Post oder ein Schriftstück zu einer Behörde gebracht werden. Oft kam es mir vor, als tue der Vater vor dem laufenden Fernseher nichts anderes, als darüber nachzusinnen, welche Arbeiten noch getan werden müßten. Sobald der Vater vor dem Fernseher saß, setzte sich sein Hirn in Bewegung und überlegte, welche Arbeiten noch zu tun seien, so daß es mir in seiner Gesellschaft niemals möglich war, eine Fernsehsendung auch nur ansatzweise zu Ende zu sehen. Einzig in Gegenwart seiner älteren Schwester Hilde, die seit dem Krieg verwitwet und regelmäßig bei uns zu Gast war, gefiel dem Vater das Fernsehen. Beurteilte der Vater den Nutzen des Fernsehens nach der Formel »Wer fernsieht, arbeitet nicht«, so war für die Tante der Fernseher eine Erfindung des Teufels, die den Menschen in die Lage versetzte, Raum und Zeit zu überwinden, und die ihn zugleich seiner eigenen vier Wände beraubte und jegliche Privatsphäre der Welt und ihrem Treiben preisgab. Tante Hilde war eine der medienabstinentesten Personen, die ich je kennengelernt habe. Die einzige Zeitschrift, für die sie sich interessierte, war eine Wochenschrift mit dem Titel »Unsere Kirche«. Die Zeitschrift wurde jeden Donnerstag vom Gemeindediener der Kirchengemeinde mit dem Ruf »Das Kirchenblättchen« direkt in unsere Wohnküche getragen und auf den Küchentisch gelegt. Schon die Lokalzeitung betrachtete die Tante nur von ferne, und im Kirchenblättchen interessierte sie sich vor allem für die Altengeburtstage und die ⌜Wochenlosung⌝. Speziell der Wochenlosung widmete sich die Tante mit besonderer Aufmerksamkeit. Während sie die Hinweise auf die Altengeburtstage lediglich zur Kenntnis nahm, studierte sie die jeweilige Wochenlosung täglich neu und tat genau das, was sich die Herausgeber des Kirchenblättchens von der Wirkung ihrer Zeitschrift erhofften: Die Tante machte die Wochenlosung des Kirchenblättchens zu ihrer ganz persönlichen Losung, und solange die Woche währte, so lange las und bedachte die Tante die Losung. Tante Hilde hatte ihren angestammten Platz am Küchentisch, und auch das Kirchenblättchen hatte dort seinen Platz. Sah ein Besucher das aufgeschlagene Kirchenblättchen auf dem Küchentisch, dann wußte er, daß die Tante zu Gast war. Auch die Abende pflegte die Tante mit der Lektüre des Kirchenblättchens und dem Bedenken der Wochenlosung zu verbringen, was bis zu dem Tag, an dem der Fernseher angeschafft wurde, kein Problem war. Der Fernseher aber irritierte die Tante. Er störte nicht nur ihre Lektüre, er war auch eine Erfindung des Teufels. Gleichzeitig aber machte sie der Fernseher neugierig, was den Vater wiederum freute, der sich über nichts so amüsieren konnte wie über die Versuchungen, denen sich seine fromme Schwester ausgesetzt sah. Die Tante löste den Konflikt insofern, als sie dem eingeschalteten Fernseher den Rücken zudrehte. Sie blickte nicht auf den Apparat, aber sie hörte auf ihn. Und während sie auf ihn hörte, schaute sie zugleich dem Vater, der Mutter und mir dabei zu, wie wir auf den Fernseher schauten. Während die Eltern nichts dabei fanden, daß sie von der Tante beim Fernsehen angeschaut wurden, fühlte ich mich während des Fernsehens von der Tante nicht nur angeschaut, sondern auch durchschaut. Die Tante schaute mich an, und ich schämte mich dafür, daß sie mich anschaute. Indem die Tante dem Fernseher den Rücken zukehrte, machte sie den Fernseher zum Radio, was sich mit ihrem religiösen Empfinden anscheinend besser vertrug. Das Radio war erlaubt, während das Fernsehen eine Sünde war. Die Tante lauschte der Stimme, aber in den Bann der Bilder wollte sie nicht geraten. Die Tante schützte sich vor den Bildern, während die Bilder auf den Rest der Familie, das heißt insbesondere auf die Mutter und mich, ungeschützt einwirkten. Der Vater war vor den Bildern insofern gefeit*, als in seinem Hirn nichts anderes arbeitete als ein weitgehend bilderresistentes Programm zur Organisation und Verteilung anfallender

geschützt

Arbeiten. Die Mutter und ich hingegen fanden uns so oft wir konnten vor dem Fernseher ein, und dies am liebsten dann, wenn der Vater nicht im Haus war. Allerdings waren die gemeinsamen Stunden vor dem Fernseher nur so lange vergnüglich, solange es auf dem Bildschirm nicht zu Intimitäten kam. Sobald aber eine intime Szene zu sehen war, erstarrten sowohl die Mutter als auch ich vor dem Fernseher, und es herrschte eine solche Verlegenheit und Beschämung im Raum, daß wir kaum zu atmen wagten. Schon bei der harmlosesten Kußszene wartete ich auf nichts anderes als auf den Fortgang des Films und die Erlösung von der bedrängenden Szene. Doch oftmals stellte sich die Erlösung nicht ein, und die Beschämung hielt auch dann noch an, wenn es keinerlei intime Szenen mehr auf dem Fernsehschirm zu sehen gab. Die bloße Zweisamkeit vor dem Fernseher trieb mir und der Mutter die Schamröte ins Gesicht. Wir saßen mit heißen Köpfen in dem halbdunklen Raum und wagten nicht uns zu rühren. Wenn wir vor dem Fernseher saßen, schämten wir uns, auch wenn ich nicht weiß, wofür wir uns schämten. Vielleicht war es gar nicht die Intimität im Fernseher, für die wir uns schämten, sondern die Intimität vor dem Fernseher. Vielleicht hatte es auch mit meinem Bruder Arnold zu tun. Wenn die Bedrükkung zu groß wurde, schaltete die Mutter den Fernseher aus. Ohne ein Wort sprang sie auf, drückte auf den Knopf und verließ den Raum. Ich protestierte nicht dagegen, ich war froh, daß die Mutter den Fernseher ausgeschaltet hatte, froh, nicht länger den Druck des Blutes in meinem Kopf spüren zu müssen. Der ausgeschaltete Fernseher erleichterte mich, und noch mehr erleichterte mich, daß die Mutter den Raum verlassen hatte und sich nun irgendwo im Haus zu schaffen machte. Je mehr sich die Mutter im Haus zu schaffen machte, um so weniger konnten die Scham und die Schuld sich ihrer bemächtigen. Und in Wahrheit tat die Mutter zumeist nichts anderes, als sich im

Haus zu schaffen zu machen. Ebenso wie der Vater nichts anderes tat, als sich um die Geschäfte zu kümmern. Der Vater, der anfangs eine Leihbücherei, später ein Lebensmittelgeschäft und danach einen Fleisch- und Wurstgroßhandel betrieben hatte, erleichterte sich ganz offensichtlich durch die Arbeit. Die Leihbücherei hatte nur einige Jahre floriert. Das Fernsehen und das Aufkommen der billigen Heftchenromane hatten der Leihbücherei ein Ende gemacht. Das Lebensmittelgeschäft florierte ausdauernder, aber es genügte dem Vater nicht. Er wollte die Wurst nicht grammweise, er wollte sie kilo- und zentnerweise verkaufen. Als Lebensmittelhändler war er selbst Kunde eines Großhändlers für Fleisch- und Wurstwaren, mit dem er nicht zufrieden war. Als er herausfand, daß auch andere Lebensmittelhändler unzufrieden mit dem Großhändler waren, beschloß er, selbst Großhändler zu werden. Von der Industrie- und Handelskammer besorgte er sich die entsprechenden Unterlagen, eine Zeitlang besuchte er Abendkurse, dann legte er die Prüfung zum Großhandelskaufmann ab. Das Lebensmittelgeschäft wurde verpachtet, der weiße Kittel des Lebensmittelhändlers an den Nagel gehängt und statt dessen ein zweireihiger Anzug angeschafft. Der Vater nutzte die Kontakte zu den anderen Lebensmittelhändlern der Region, die einst seine Kollegen gewesen waren und nun zu seinen Kunden wurden. Sie vertrauten ihm, weil er einer der Ihren gewesen war, und er enttäuschte sie nicht. Es reiche nicht, gute Ware zu liefern, man müsse auch ein Ohr für die Sorgen der Menschen haben, sagte der Vater. Wenn er seine Kunden bereiste, so vor allem, um mit ihnen über ihre Sorgen zu sprechen. Die Auftragsbücher füllten sich dann fast wie von selbst. Die Lebensmittelhändler hatten viele Sorgen. Das Leben der Lebensmittelhändler war eine einzige Sorge. So zumindest schien es mir damals, als ich den Vater auf seinen Kundenbesuchen begleitete und den Gesprächen lauschen konnte, die er mit den Händlern führte. Eine der Hauptsorgen war die Verderblichkeit der Waren. Die Kunden der Lebensmittelhändler wünschten frische Ware: Doch was für den Kunden zuallererst eine frische Ware war, war für den Lebensmittelhändler zuallererst eine verderbliche Ware. Blieb die Kundschaft aus, dann verdarben die Waren. Wurde weniger Ware eingekauft, lief man Gefahr, die Kundschaft nicht bedienen zu können. Also wurde wieder mehr Ware eingekauft, und mit der Ware stieg die Angst vor dem Verderben der Ware. Die Lebensmittelhändler litten unter beständigem Zeitdruck. Die Uhr tickte, und mit jeder Minute, die verstrich, welkte der Salat, faulten die Bananen, verfärbte sich die Wurst, wucherte der Schimmelpilz. Blieb die Kundschaft aus, dann stand der Lebensmittelhändler inmitten seiner verderblichen Waren und sah den Waren bei ihrem Verderben zu. Die meisten Lebensmittelhändler, die der Vater besuchte, waren einerseits sehr gehetzte, andererseits aber auch sehr traurige Menschen. Viele von ihnen hatten Magenprobleme, so daß sie selbst nur sehr sparsam von ihrem eigenen Angebot Gebrauch machen konnten. Andere hatten es mit dem Herzen und wieder andere mit den Nerven. Ich kann mich nicht daran erinnern, auch nur einen einzigen Lebensmittelhändler kennengelernt zu haben, der keine Probleme mit der Gesundheit hatte. Ein weiteres Problem war die Konkurrenz. »Konkurrenz belebt das Geschäft«, pflegte der Vater zu sagen, wenn er den Laden eines Lebensmittelhändlers verlassen hatte, um an der nächsten Ecke den nächsten Laden aufzusuchen. Wenn er aber im Laden war und den Klagen des einen Händlers über die anderen Händler zuhörte, dann sagte er nicht »Konkurrenz belebt das Geschäft«, dann sagte er höchstens »Das Leben ist ein Kampf« oder etwas Ähnliches. Ein weiteres Problem der Lebensmittelhändler war die Kundschaft. »Wo kein Kunde, da kein Umsatz«, kommentierte der Vater, wenn die Lebensmittelhändler über die Kund-

Derjenige, der eine Sicherheit gibt, etwas garantiert

schaft klagten. Doch es konnte geschehen, daß ihm die Händler daraufhin sagten, daß ein Kunde noch lange kein Garant* für einen Umsatz sei. Denn die Kunden, und speziell die Kunden der Lebensmittelhändler seien äußerst wählerische, ziemlich empfindliche, oftmals sehr geizige und darüber hinaus auch entscheidungsunfähige Menschen. Er nehme es ja noch hin, sagte einer der Händler, wenn ein Kunde darauf bestehe, daß hundert Gramm Cervelatwurst auf jeden Fall und auf das Gramm genau hundert Gramm Cervelatwurst zu sein hätten. Es mache ihn aber ganz krank, wenn die Kunden minutenlang vor der Vitrine verharrten, ohne sich zu entscheiden. Es gebe Kunden, sagte einer der Lebensmittelhändler, die legten es geradezu darauf an, ihn, den Händler, krank zu machen, indem sie sich nicht entschieden. Immer dann, wenn er glaubte, sie hätten sich entschieden, für die Bierwurst beispielsweise und nicht für die Blutwurst, würden sie wieder einen Rückzieher machen und sich wohl gegen die Bierwurst, aber noch lange nicht für die Blutwurst oder etwas anderes entscheiden. Diese Kunden setzten ihm enorm zu, zumal andere Kunden darauf warteten, ebenfalls bedient zu werden. Ihm sei es allerdings auch schon passiert, sagte einer der Händler, daß sich ein Kunde über einen anderen entscheidungsunfähigen Kunden so laut beschwert habe, daß ersterer beleidigt den Laden verlassen und letzterer dann ebenfalls entscheidungsunfähig vor der Wurstvitrine gestanden und den gesamten Betrieb aufgehalten habe. Am schlimmsten seien aber diejenigen, die sich erst nicht entscheiden könnten und dann ihre Wünsche in Zehntelgrammeinheiten äußerten, 50 Gramm Bierwurst einerseits und fünfzig Gramm Cervelatwurst andererseits verlangten, wobei sie ihm zugleich zu verstehen gäben, daß es auch weniger, beispielsweise vierzig Gramm, sein dürfe, aber nicht sein müsse, was ihn vollends verrückt mache. Er komme sich gelegentlich wie ein Apotheker vor, so fein dosiert müsse er die Wurst oder den Käse auf die Waage bringen. Die Traurigkeit der Lebensmittelhändler hatte mich insofern beeindruckt, als ich, ohne es zu merken, ihre Traurigkeit auf die Waren übertrug und bis in mein Erwachsenenleben hinein spezielle Lebensmittel immer als etwas Trauriges empfunden habe. Besonders rührten mich die frischen, also verderblichen Lebensmittel, und noch Jahre später wunderte ich mich darüber, wie traurig ich angesichts eines Gemüseregals oder einer Frischwurstauslage werden konnte. Den Vater dagegen stimmte eine Frischwurstauslage eher euphorisch. Besonders, wenn sie von ihm beliefert worden war. Aber es hatte wohl auch mit seiner bäuerlichen Herkunft zu tun, daß Fleisch und Wurst für ihn nicht etwa Reste eines Schlachttieres waren, sondern etwas höchst Lebendiges. Im Unterschied zu den Lebensmittelhändlern waren es vor allem die sogenannten frischen Fleischwaren, die den Vater heiter stimmten. Zu seinen Lieblingsspeisen zählte ein frisches Kotelett. Ein frisches Kotelett, das war für ihn ebenso frisch wie frische Luft oder frisches Wasser. Noch lieber aber als ein frisches Kotelett war dem Vater ein frischer Schweinekopf, der freilich nur zweimal im Jahr, im Frühjahr und im Herbst, auf den Tisch kam und den der Vater selbst von einem der Bauern, die zu seinen Lieferanten zählten, mit nach Hause brachte. Wenn der Vater mit dem frischen, das heißt soeben erst vom Schwein abgetrennten, noch blutigen und in Pergamentpapier gewickelten Schweinekopf nach Hause kam, mußten sich die Familienmitglieder in der Küche versammeln und den Schweinekopf betrachten. Für mich sah ein Schweinekopf wie ein anderer aus, für den Vater aber war jeder Schweinekopf ein ganz spezieller Schweinekopf, und es konnte vorkommen, daß er, nachdem er den Schweinekopf auf den Küchentisch gelegt hatte, mit großer Zufriedenheit sagte: »Diesmal ist es aber ein besonders schöner Kopf.« Als ich den Vater fragte, wodurch sich ein besonders schöner Schweinekopf von einem weniger schönen Schweinekopf unterscheide, sagte er, daß ein besonders schöner Schweinekopf eben ein gleichmäßig ausgereifter Schweinekopf sei, wogegen ein weniger schöner Schweinekopf eben ein nur ungleichmäßig ausgereifter Schweinekopf sei. Zudem, so der Vater, könne man vom Kopf eines Schweins auf das Schwein insgesamt schließen, und ein schöner Kopf komme zwangsläufig immer auch von einem schönen, also muskulär und fettmäßig harmonisch entwickelten Schwein. Zu dem Schweinekopf gehörte das Schweineblut. Das Schweineblut war dem Vater fast so wichtig wie der Schweinekopf. »Schweineblut ist Lebenssaft«, sagte der Vater, und wäre es nach ihm gegangen, dann wäre ich statt mit Milch mit Schweineblut aufgezogen worden. Das Schweineblut wurde in Blechkannen transportiert und mußte auf schnellstem Wege vom Bauern in mein Elternhaus gebracht werden. Wenn der Vater verhindert war, zählte es zu meinen Pflichten, das Schweineblut vom Bauern zu holen. Der Transport des Blutes hätte mir normalerweise wenig ausgemacht, zumal ich die Bauernhäuser sehr gern aufsuchte, mußte man doch immer erst an den Tieren vorbeigehen, ehe man in die Wohnräume gelangte. Die Aufgabe wurde mir insofern schwer, als das zu transportierende Blut direkt vom Schwein in die Kanne gefüllt wurde. Wohl hatte ich schon des öfteren gesehen, wie die Milch von der Kuh in die Kanne kommt, aber ich hatte keine Vorstellung davon, wie das Blut vom Schwein in die Kanne kommt. Das Blut vom Schwein kam auf eine derart grausame Weise in die Kanne, daß ich es nur ein einziges Mal mit ansehen mochte und mich während meiner weiteren Bluttransporte so lange in der Küche des Bauern aufhielt, bis die Kanne gefüllt war. Allerdings hatte mich bereits der einmalige Anblick des angestochenen, wild quiekenden und zuckenden Tieres, dem eine Blutfontäne aus der Halsschlagader sprang, so verstört, daß ich mich nur noch widerwillig an den regelmäßigen Schweinekopfessen beteiligte und ihnen am liebsten, wenn es der Vater erlaubt hätte, ferngeblieben wäre. Auch wäre mir das Schweinekopfessen leichter gefallen, wenn es sich hierbei jeweils nur um ein Essen gehandelt hätte: Doch wunderbarerweise verstand es die Mutter, aus dem Schweinekopf so viele Mahlzeiten herzustellen, daß wir uns lange Zeit davon ernähren konnten. Der Schweinekopf erwies sich als ein wahres ⌜Füllhorn⌝, das die unterschiedlichsten Speisen freigab: Schweinebacke und Schweinezunge, Schweineohren und Schweineschnauze, Schweinekopfbrühe und Schweinekopfpaste. Das alles konnte geräuchert oder gegrillt, gekocht oder gebraten, gedörrt oder eingemacht werden und wurde noch ergänzt durch die Verwertung des Schweineblutes, aus dem man Suppe zubereiten konnte und Wurst, das sich zum Kuchenbacken eignete oder auch in Gläser füllen und in eingedicktem Zustand konservieren ließ. In Wahrheit reichte der Frühjahrsschweinekopf fast bis in den Herbst hinein und der Herbstschweinekopf reichte wiederum fast bis zum Frühjahr, so daß wir uns beinahe das ganze Jahr über von den Schweinekopf- und Schweineblutprodukten ernährten. Das eigentliche Festessen aber war das Schweinehirn, das noch an dem Tag auf den Tisch kam, an dem der Vater den Kopf und ich das Blut nach Hause brachten. Dies war gewissermaßen unser Schlachttag, zu dem Gäste geladen wurden und der für den Vater auch deshalb eine besondere Bedeutung hatte, weil er ihn an die Schlachttage auf dem Bauernhof seiner Eltern erinnerte. Der Vater hätte den Hof erben und selbst ein Bauer werden sollen; und zumindest an dem Tag, an dem er sich mit seiner Familie und den Gästen um das frische Hirn versammelte, fühlte er sich auch so. »Hirn macht klug«, sagte der Vater, was es mir ganz und gar unmöglich machte, auch nur zu hoffen, vom Schweinehirnessen befreit zu werden, denn in den Augen des Vaters fehlte mir nichts so sehr wie eine anständige Portion Hirn. Wohl konnte er gelegentlich großmütig sein und mich vom Verzehr von Blutsuppe oder Blutkuchen befreien, doch in bezug auf das Hirn kannte er keine Kompromisse. Allerdings muß ich zugeben, daß ich mich vor dem Hirn zwar ekelte, mich andererseits aber an den abendlichen Schweinehirnessen gern beteiligte, denn so heiter und ausgelassen ging es in meinem Elternhaus sonst nie zu. In gewisser Weise löste das Verspeisen des Schweinehirns bei dem Vater und seinen Gästen regelrechte Heiterkeitsräusche aus. Besonders wenn die Bekannten des Vaters zu Gast waren, die ebenso wie er aus dem Osten stammten und eigentlich hätten Bauern werden sollen, konnte das Essen von einem unermüdlichen Gelächter begleitet sein, ohne daß ich, der ich die weichliche Hirnmasse so schnell und unzerkaut wie möglich die Speiseröhre hinunterzubringen suchte, begriff, warum hier eigentlich gelacht wurde. Denn es war während des Schweinehirnessens fast ausschließlich vom Essen die Rede, und wenn nicht vom Essen die Rede war, dann war vom Schlachten die Rede. Da die meisten Bekannten des Vaters auch selber schlachteten oder früher geschlachtet hatten, wußte jeder auch Anekdoten zu erzählen, die vom Schlachten handelten. Natürlich ging es hierbei nicht so sehr um das Schlachten von Schweinen, sondern vor allem um das Schlachten von kleineren Tieren, Hühnern, Kaninchen, Enten, Gänsen und Tauben. Denn letztere konnten auch dann noch eigenständig geschlachtet werden, wenn man keinen Bauernhof mehr besaß und in einer Mietwohnung lebte. Das Gelächter, das die Geschichten vom Schlachten auslösten, war kein bösartiges oder blutrünstiges Gelächter, sondern eher friedfertig. Es war wohl ein lautes, aber auch ein augenzwinkerndes Gelächter, wenn beispielsweise die Geschichte von dem kopflosen und blutsprudelnden Huhn erzählt wurde, das der im Gartenstuhl vor sich hin träumenden Großmutter auf den Schoß sprang. Während ich nach solchen Essensgesprächen zuweilen Alpträume hatte und meine Nächte damit zubrachte, ganz gegen meinen Willen Hühnern den Kopf abzuhacken, Tauben den Hals umzudrehen, Kaninchen den Schädel einzuschlagen und Schweinen ein Messer in den Hals zu stoßen, wirkte sich das Schweinehirnessen auf den Vater äußerst beruhigend aus, so daß der ansonsten aufbrausende und zum Jähzorn neigende Mann einen so versöhnlichen Glanz in den Augen hatte, daß ich glaubte, mich nie wieder vor ihm fürchten zu müssen. Die Mutter hingegen blieb auch während des Schweinehirnessens still und in sich gekehrt. Wohl schien sie sich über die Ausgelassenheit des Vaters und der Gäste zu freuen, doch selbst während dieser seltenen und festlichen Stunden spürte ich die Bedrückung, unter der sie litt. Und fast immer endeten die Essensabende damit, daß irgendwann auch der Vater und die Gäste zuerst nur noch leise und schließlich gar nicht mehr miteinander sprachen. Dann saßen sie stumm beieinander und schwiegen. Die Mutter blieb auch die nächsten Tage noch verschlossen und fast stumm, als büße sie das gute Essen und das Gelächter mit einem Schweigegelübde ab. Der Vater dagegen büßte durch Arbeit. Je mehr die Mutter unter der Last der Erinnerung zu erstarren drohte, um so aktiver wurde der Vater. Er, der zweimal, nach ⌜beiden Weltkriegen⌝, erleben mußte, Haus und Hof zu verlieren, und der nach dem Krieg mit leeren Händen nach Ostwestfalen gekommen war, hatte sich nun ein drittes Mal eine sogenannte Existenz aufgebaut. Er hätte in Frieden leben können, aber es gab keinen Frieden. Er baute das Haus um. Sobald die Umstellung vom Lebensmittelladen auf den Fleischwarengroßhandel gelungen war, ging der Vater daran, das Haus umzubauen. Er tat dies so gründlich, daß das neue Haus in nichts mehr dem alten glich. Das Fachwerkhaus, das einmal die Poststelle des Ortes gewesen war, wurde entkernt, die Wände des Hauses wurden bis auf die Balken ausgehöhlt. Die Stroh- und Lehmfüllungen wurden entfernt, und zum Teil auch die Balken. Das Haus erhielt Stahlträger und einen glatten Putz. Die Fenster wurden erneuert, aus den Flügelfenstern wurden Kippfenster, auf denen sich niemals mehr, wie in den Jahren zuvor, Eisblumen bildeten, weil sie aus einer doppelten Verglasung bestanden. Aus der hölzernen Eingangstür mit der Eisenklinke wurde eine mit einem Messingrahmen versehene Glastür. Das Haus war einmal mein Kindheitslabyrinth gewesen, mit langen Korridoren, tiefen Wandschränken und unerwarteten Treppenabsätzen, hinter denen sich neue Korridore erstreckten, die wiederum zu anderen Verbindungstüren und Treppenabsätzen führten. Es hatte mir Vergnügen gemacht, das Haus zu durchstreifen, so wie es mich vergnügte, den von Balken und Holzverstrebungen durchzogenen Dachboden aufzusuchen, meinen Zauberwald, der aber auch mein Angstort war. Der Dachboden mußte einmal als Speicher und Lagerraum gedient haben, denn er besaß eine in den Boden eingelassene Falltür, über der eine Holzwinde angebracht war zum Heraufziehen von Lasten. Wenn ich die Falltür öffnete, konnte ich in einen Raum blicken, den ich noch nie betreten hatte und zu dem es anscheinend auch keinen anderen Zugang gab. Ich hätte mich schon selbst an der Seilwinde herablassen müssen, um hineinzugelangen. Der Raum lag tief unter mir, tiefer als das Stockwerk unterhalb des Dachbodens. Vielleicht sogar tiefer als das Erdgeschoß. Er lag im Halbdunkel, und ich konnte nicht erkennen, wie weit er sich ausdehnte. Ich hätte zu gern gewußt, ob es eine Tür gab, die zu dem Raum führte, aber ich wagte nicht, die Eltern danach zu fragen. Ich wagte nicht einmal, ihnen davon zu erzählen, daß ich die Falltür geöffnet und hinuntergeschaut hatte. Auch der Dachboden wurde umgebaut und zu einer Wohnetage gemacht. Der Umbau hatte mir mein

Kindheitslabyrinth genommen, es begradigt, entkernt und ausgeleuchtet. Die Winkel, Nischen, langen Korridore waren ebenso verschwunden wie die Wandschränke, Verbindungstüren und unerwarteten Treppenabsätze. Natürlich war auch die Falltür verschwunden und mit ihr der einzige Zugang zu dem verborgenen Raum. Doch seltsamerweise war die Fläche unterhalb der Falltür nach dem Umbau ebenso groß wie zuvor. Kein einziger Quadratmeter war hinzugekommen, und ich glaubte fest daran, daß der Raum noch immer existierte, auch wenn er nun gänzlich unauffindbar und unbetretbar geworden war. Nachdem der Umbau des Hauses beendet war, erlitt die Mutter einen Zusammenbruch. Der Arzt diagnostizierte Überanstrengung und verordnete ihr eine Kur. Die Kur dauerte mehrere Wochen, und an den Wochenenden besuchte der Vater die Mutter in der Kurklinik, während ich das Haus hüten durfte. Nach einem dieser Besuche teilte der Vater mir mit, daß es der Mutter wohl besser-, aber noch lange nicht gutgehe. Ein Grund ihrer Erkrankung seien gewiß die mit dem Umbau verbundenen Anstrengungen. Der wahre Grund aber sei, daß sie über den Verlust meines Bruders Arnold nicht hinwegkomme. Zugleich, so der Vater, habe sie den Eindruck, daß ich hingegen sehr wohl über den Verlust meines Bruders hinweggekommen sei. Ich sei so gut über den Verlust hinweggekommen, daß sich die Mutter viele Jahre nicht getraut habe, mir die Wahrheit über Arnold zu sagen. Daraufhin sagte ich dem Vater, daß mir die Mutter schon längst die Wahrheit gesagt habe. »Arnold«, sagte ich, »ist gar nicht verhungert, Arnold ist verlorengegangen.« Als der Vater nicht reagierte, sagte ich noch einmal: »Arnold ist gar nicht verhungert. Arnold ist verlorengegangen.« Der Vater reagierte noch immer nicht und schien irgendwelchen Gedanken nachzusinnen. Vielleicht hätte ich ihm auch noch sagen sollen, daß ich gar keinen Verlust verspürt hatte. Schließlich hatte ich ja auch niemanden verloren. Ich hatte nur erfahren, daß die Eltern jemanden verloren und doch nicht verloren hatten. Und als ich erfahren hatte, daß Arnold nicht verhungert, sondern nur verlorengegangen sei, hätte ich höchstens insofern einen Verlust erlitten, als ich nun gewissermaßen einen toten und zumal einen auf der Flucht vor dem Russen gestorbenen Bruder verloren hatte. Statt des toten hatte ich nun einen verlorengegangenen Bruder. Das war für mich allerdings kein Gewinn. Doch wie sollte ich das dem Vater erklären. Und noch ehe ich weiter darüber nachdenken konnte, sagte der Vater: »Wir suchen ihn.« »Wen?« sagte ich. »Arnold«, sagte der Vater, ohne zu bemerken, wie unsinnig meine Frage war. »Seit Jahren schon.« Daraufhin sagte ich nichts mehr, so daß der Vater mir erklären konnte, daß er und die Mutter schon viele Jahre mit Hilfe des ⌜Suchdienstes des Roten Kreuzes⌝ auf der Suche nach Arnold seien, daß sie mich aber damit nicht hatten belasten wollen. Nun jedoch, nach so vielen Jahren, hätten sie jemanden gefunden, bei dem es sich um Arnold handeln könnte. »Ihr habt ihn gefunden?« fragte ich, und noch während ich die Frage stellte, spürte ich, daß sich die alte Übelkeit wieder einstellte. »Vielleicht«, sagte der Vater. »Es ist nicht sicher. Um ganz sicher zu sein, brauchen wir deine Hilfe.« So hatte ich den Vater noch nie mit mir sprechen hören. Er sprach zu mir wie zu einem Freund. Oder zumindest wie zu einem Kunden. Er wollte mich um etwas bitten. Der Vater hatte mich noch nie um etwas gebeten. Er hatte immer nur gesagt, was gemacht werden muß, und dann habe ich gemacht, was gemacht werden muß. Er hatte auch noch nie ein so langes Gespräch mit mir geführt. Der Ton des Vaters beunruhigte mich, mir wurde flau, und am liebsten hätte ich meiner alten Gewohnheit nachgegeben und mich erbrochen. Es sei notwendig, sagte der Vater, verschiedene Untersuchungen vorzunehmen, um die Verwandtschaft mit dem fraglichen Jungen zu bestätigen. Und diesen Untersuchungen müßte auch ich mich unterziehen. »Wie habt ihr ihn gefunden«, wollte ich wissen, und ich stellte mir vor, daß wir schon bald nicht mehr zu dritt, sondern zu viert am Mittagstisch sitzen und daß ich nicht nur den Nachtisch, sondern auch mein Zimmer teilen wenn nicht sogar räumen müßte, um dem großen Bruder Platz zu machen. Denn der Arnold, den ich von dem Photo kannte, war wohl ein Säugling, aber er war noch vor Kriegsende geboren worden und darum einige bedrohliche Jahre älter als ich. »Wir haben dem Suchdienst mitgeteilt«, sagte der Vater, »wann und wo Arnold verlorengegangen ist und daß er einen auffällig starken Haarwirbel an der rechten Seite hat. Daraufhin haben wir vom Roten Kreuz eine Nachricht erhalten, daß eines der vom Roten Kreuz betreuten Findelkinder ebenfalls einen auffällig starken Haarwirbel an der rechten Seite hat.« Diese Nachricht, so der Vater, habe sowohl in der Mutter wie auch in ihm selbst die Hoffnung geweckt, Arnold gefunden zu haben. Die Mutter sei sich bereits zu diesem Zeitpunkt mehr oder weniger sicher gewesen, daß das Findelkind aus dem Heim, das im übrigen keinen Namen habe, sondern vom Roten Kreuz immer nur das Findelkind 2307 genannt werde, ihr Kind sei. Natürlich wollten sie das Kind mit dem starken rechten Haarwirbel sofort sehen, doch hätten die Behörden es ihnen nicht erlaubt. Schließlich seien auf der Flucht viele Kinder verlorengegangen und elternlos im Westen gelandet. Und ständig und immerzu, habe ihnen einer der Sachbearbeiter gesagt, würden die meisten Eltern schon aufgrund der ersten Anhaltspunkte ein möglicherweise in Frage kommendes Kind zweifelsfrei als das ihre identifizieren. Manchen Eltern, so der Sachbearbeiter, brauchte man nur mitzuteilen, daß es sich um ein blondes oder brünettes Kind handle, und schon würden sie es als ihr eigenes Kind identifizieren. Und immerzu würden dann irgendwelche verzweifelten Eltern ein Kind sehen wollen, das am Ende dann doch nicht ihr Kind sei, und so hätten sie schon einige der Findelkinder mit immer neuen möglichen Eltern konfrontiert, was zu großen Enttäuschungen speziell auch auf seiten der Kinder geführt habe. In unserem Fall aber, sagte der Vater, sei der starke rechte Haarwirbel nur der Anfang gewesen. Während eines Termins in der zuständigen Suchdienststelle habe man ihnen Photographien vom sogenannten Findelkind 2307 vorgelegt, und sowohl er wie auch die Mutter hätten sofort ihren Sohn Arnold in dem Kind wiedererkannt, auch wenn das Kind auf den Photos fast schon ein junger Mann sei. Aber in solchen Dingen, sagte der Vater, würde der Instinkt sprechen und nicht der Verstand. Außerdem besitze das Findelkind 2307 nicht nur einen starken rechten Haarwirbel, es habe sich auch nach Auskünften des Suchdienstes in demselben Treck befunden, mit dem auch die Mutter und er aus dem Osten geflohen seien. Es sei zudem nicht nur derselbe Treck gewesen, es sei auch derselbe Tag, nämlich der 20. Januar 1945 gewesen, an dem der Junge einer fremden Frau in die Arme gelegt worden sei. Und dies, ohne daß die Frau den Namen des Jungen erfahren habe. Die Frau habe nicht einmal das Gesicht der Person erkennen können, die ihr das Kind in die Arme gelegt habe. Denn letztere sei fast gänzlich mit einem Tuch verhüllt gewesen. Und dies nicht so sehr wegen der Kälte, vielmehr hätten sich alle jungen Frauen damals mit einem Tuch verhüllt, damit sie nicht sofort als junge Frauen erkannt würden. Auch die Mutter habe sich mit einem Tuch verhüllt. Das erste, worauf die Russen sich gestürzt hätten, sagte der Vater, seien junge Frauen gewesen. Wobei sie natürlich den Trick mit dem Tuch ziemlich schnell durchschaut und sich demzufolge gerade auf jene Frauen gestürzt hätten, die ihr Gesicht bedeckt hielten. Das konnten allerdings auch alte Frauen gewesen seien. Vor den Russen, sagte der Vater, sei im Prinzip keine Frau sicher gewesen, ob jung oder alt. Und auch die Mutter war vor den

Russen nicht sicher gewesen, schloß ich daraus. Höchstwahrscheinlich hatten sich die Russen auch auf die Mutter gestürzt, wobei ich mir nicht gänzlich darüber im klaren war, was es im einzelnen zu bedeuten hatte, wenn die Russen sich auf jemanden stürzten. Der Junge, sagte der Vater, sei nicht nur auf demselben Treck gewesen und am selben Tag einer fremden Frau übergeben worden, an dem auch die Mutter meinen Bruder Arnold einer fremden Frau übergeben habe. Der Junge wiese außerdem nicht nur eine gewisse Ähnlichkeit mit dem Photo aus dem Photoalbum auf, er würde auch dem Vater selbst und der Mutter in gewisser Weise ähneln. Wohl sei die Ähnlichkeit mit ihm, dem Vater, und auch der Mutter, nicht so groß, daß man von dieser Ähnlichkeit ohne weiteres eine Verwandtschaftsbeziehung ableiten könne. Eine verblüffende Ähnlichkeit würde der Junge aber mit mir, dem mutmaßlichen Bruder, aufweisen. Diese Ähnlichkeit sei so groß, daß die Mutter und auch er selbst schon allein deswegen felsenfest davon überzeugt seien, daß es sich bei dem Jungen um Arnold handeln müsse. Die Behörden aber, sagte der Vater, seien längst nicht so felsenfest davon überzeugt, auch wenn sich der zuständige Sachbearbeiter anhand einiger Photos davon überzeugen konnte, daß der Heimjunge eine verblüffende Ähnlichkeit mit mir, seinem mutmaßlichen Bruder, habe. »Der Junge«, sagte der Vater, »ist dir wie aus dem Gesicht geschnitten.« Eine Vorstellung, die mir so großes physisches Unbehagen bereitete, daß ich mich zwar nicht übergeben mußte, wohl aber eine Art Magenkrampf bekam, der auch mein Gesicht erfaßte, die Wangen durchzog und hinter der Stirn endete. Fast schien es, als würde ich die Schnitte spüren, mit denen mir Arnold aus dem Gesicht geschnitten wurde, wobei sich die Schnitte auch in Stromschläge und Schmerzblitze verwandeln konnten, die durch mein Gesicht fuhren und mir ein krampfartiges Grinsen aufnötigten. Was gibt es hier zu grinsen, sagte der

Vater, der nichts von meinen Schmerzen ahnte und nur den ungezogenen Jungen in mir erblickte. Aus dem freundlichen Kameraden- beziehungsweise Kundengespräch wurde nun wieder das gewohnte Vater-Sohn-Gespräch, in dem der Vater mir mitteilte, daß wir nach beendetem Kuraufenthalt der Mutter und den Vorbereitungen vor Ort ein Institut aufsuchen würden, um die notwendigen Untersuchungen vornehmen zu lassen, die die Verwandtschaft mit Arnold bestätigen sollten. Wohl war der Magenkrampf inzwischen abgeklungen, doch hatte ich auch weiterhin und speziell in Streßsituationen unter Gesichtskrämpfen zu leiden, die mir nicht nur ein unfreiwilliges Grinsen aufnötigten, sondern gelegentlich auch die Tränen in die Augen trieben. Es war letzteres, was den Vater veranlaßte, mich zum Arzt zu schicken. Der diagnostizierte eine Trigeminusneuralgie, die allerdings so gut wie nicht behandelbar sei, da man ihre Ursachen nicht kenne. In schweren Fällen würde man den Trigeminusnerv lahmlegen, das könne aber mit einer Störung der gesamten Gesichtsmuskulatur einhergehen und sei darum nicht zu empfehlen. In meinem Fall, so der Arzt, sei Abwarten das beste. Vielleicht würde man eines Tages die Ursache meiner Beschwerden herausfinden, vielleicht würden die Beschwerden aber auch von selbst abklingen. Es wäre nicht das erste Mal, daß eine Trigeminusneuralgie ebenso plötzlich verschwinden würde, wie sie aufgetaucht war. Die Trigeminusneuralgie verschwand nicht, sondern plagte mich weiterhin in größeren, aber regelmäßigen Abständen mit ihren stromstoßähnlichen Attacken. Ursachenforschung brauchte ich nicht zu betreiben, ich war sicher, daß die Gesichtskrämpfe mit Arnold und speziell mit dem zu tun hatten, was der Vater eine verblüffende Ähnlichkeit nannte. Ich wollte niemandem ähnlich sein, und schon gar nicht meinem Bruder Arnold. Die angeblich verblüffende Ähnlichkeit hatte die Wirkung, daß ich mir selbst immer unähnlicher wurde. Jeder Blick in den Spiegel irritierte mich. Ich sah nicht mich, sondern Arnold, der mir zunehmend unsympathischer wurde. Wäre er doch auf der Flucht verhungert. Statt dessen mischte er sich in mein Leben ein. Und in mein Aussehen. Um ihn doch noch verhungern zu lassen, wünschte ich mir einen dritten Weltkrieg. Doch der dritte Weltkrieg kam nicht. Dafür kehrte die Mutter aus der Kur zurück und war genauso traurig wie zuvor. Ihre Stimmung heiterte sich ein wenig auf, als der Vater für den Nachmittag den Besuch eines Kriminalbeamten ankündigte. Der Kriminalbeamte kam in Begleitung unseres Revierpolizisten, Herrn Rudolph, der so etwas wie ein Freund der Familie war und den Eltern in allen polizeilichen Fragen Beistand leistete, wofür ihn der Vater regelmäßig mit Wurst- und Fleischpaketen belohnte. Der Kriminalbeamte war gekommen, um unsere Fingerabdrücke abzunehmen, die dann mit Arnolds Fingerabdrücken verglichen werden sollten. Dazu drückte er unsere Finger der Reihe nach auf ein Stempelkissen, um dann die schwarzen Fingerkuppen auf eine spezielle Karteikarte zu pressen. Der Beamte hantierte mit großer Routine, und die Prozedur war enttäuschend schnell vorüber. Ich hatte mir mehr von dem Besuch des Kriminalbeamten erwartet. Das einzig Bemerkenswerte war, daß ich mir im Beisein der Eltern die Finger schmutzig machen durfte und daß sich auch die Eltern die Finger schmutzig machten. Meinem Wunsch aber, die schwarzen Finger noch einige Zeit zu behalten und mit ihnen auch zur Schule zu gehen, erfüllten mir die Eltern nicht. Noch ehe der Kriminalbeamte ganz das Haus verlassen hatte, schrubbte mir die Mutter mit einer Nagelbürste auch schon die Stempelfarbe von den Fingern. Eine weitere Untersuchung diente der Blutanalyse. So wie unsere Finger mit denen Arnolds verglichen werden sollten, sollte auch unser Blut mit Arnolds Blut verglichen werden. Ungefähr sechs Wochen nachdem der Hausarzt die Blutproben entnommen und verschickt hatte, wurden den Eltern die Ergebnisse mitgeteilt. Der Brief kam von einem Institut für Gerichtliche Medizin der Universität Münster und enthielt sowohl das Ergebnis der Fingerabdruckvergleiche als auch das des Blutvergleiches. In der Mitteilung über die Fingerabdrücke, die hier nicht mehr Fingerabdrücke, sondern ⌜Fingerbeerenmuster⌝ hießen, war von diversen* Zentraltaschen, ⌜Doppelschleifen, Leisten und Wirbeln⌝ die Rede, die allesamt mit einem speziellen Kompliziertheitsindex verrechnet wurden. Der Vater quälte sich durch die schriftlichen Berechnungen und las der Mutter schließlich vor, daß der Kompliziertheitsindex bei ihm 34 betrage, bei der Mutter 43 und bei mir 30, bei dem Findelkind 2307 aber bloß 28. »Bloß achtundzwanzig«, sagte der Vater, während die Mutter nichts sagte und ein Unheil heraufziehen sah. Das Unheil blieb dann doch aus, als 34, 43 und 30 im Unterschied zu Arnolds 28 doch nicht so gravierend* war, wie die Eltern befürchtet hatten, andererseits aber gravierend genug. Die Mitteilung schloß jedenfalls mit den Worten, daß »die Elternschaft der Antragsteller nach den Fingerbeermustern für das Findelkind 2307 wenig wahrscheinlich ist, aber nicht unwahrscheinlicher als auch für das eheliche Kind der Antragsteller«. Das eheliche Kind der Antragsteller war ich. Und ich war, wenn man dem Untersuchungsergebnis folgte, genauso wenig wahrscheinlich das Kind meiner Eltern wie Arnold. Die Eltern dagegen behaupteten, daß ich ganz sicher ihr Kind sei, und darum müsse auch das Findelkind 2307 ganz sicher das ihre sein. Denn wenn ihre Elternschaft für 2307 nicht unwahrscheinlicher sei als ihre Elternschaft für mich, dann müsse doch, da ihre Elternschaft für mich mehr als nur wahrscheinlich, nämlich ganz sicher sei, auch ihre Elternschaft für Arnold beziehungsweise das Findelkind mehr oder weniger sicher oder zumindest höchstwahrscheinlich sein. Ich war verwirrt, ich konnte den Eltern nicht folgen und hatte nur den einen Gedanken,

diversen*: einigen, verschiedenen

gravierend*: (lat.) schwer wiegend

daß ich soeben selbst dabei war, ebenso unwahrscheinlich zu werden, wie Arnold einmal unwahrscheinlich geworden war. Doch während Arnold mit jeder Untersuchung immer wahrscheinlicher zu werden drohte, wurde ich mit jeder Untersuchung immer unwahrscheinlicher. Ich wollte aber nicht unwahrscheinlich werden, sondern der bleiben, der ich war. Ich wollte nicht mit Arnold teilen, weder mein Zimmer noch meinen Tisch. Noch weniger aber wollte ich mit Arnold tauschen. Glücklicherweise beruhigten mich die Ergebnisse der Blutvergleiche insofern, als das Gutachten bestätigte, daß ich, das eheliche Kind, sowohl »möglich als auch positiv wahrscheinlich« das Kind des Vaters wie auch der Mutter sei, während das Findelkind 2307 »möglich, aber nicht positiv wahrscheinlich« das Kind der Eltern sei. Für mich lief der Arnold betreffende Befund »möglich, aber nicht positiv wahrscheinlich« auf ein eindeutiges »höchst unwahrscheinlich« hinaus. Die Eltern aber, die der Befund anfangs eher betrübt hatte, legten ihn mit der Zeit so aus, als handle es sich um ein »höchst wahrscheinlich« oder gar um ein »mehr oder weniger sicher«. Speziell die Mutter ließ von dem Befund »möglich, aber nicht positiv wahrscheinlich« mit der Zeit nur noch das »möglich« gelten und setzte nun alle Hoffnungen auf die weiteren Untersuchungen, von denen sie sich eine letzte Bestätigung der in Wahrheit nur noch theoretisch möglichen Verwandtschaft mit dem Findelkind 2307 erwartete. Obwohl das zuständige Jugendamt, welches als Vormund des Findelkindes 2307 eingesetzt war, den Eltern mit dem Hinweis auf ein zu erwartendes negatives Resultat von weiteren Untersuchungen abriet, beantragten diese nun aufgrund der ihrem Verständnis nach »im ganzen positiven« Ergebnisse ein sogenanntes »Anthropologisch-erbbiologisches Abstammungsgutachten«. Hierfür mußten verschiedene Körperbaumerkmale von den Eltern und mir mit den Körperbaumerkmalen des Findelkindes 2307 verglichen werden, was erstens ziemlich aufwendig war und einen speziellen Laborbesuch erforderte und zweitens auch meinen mutmaßlichen Bruder Arnold mit in die Untersuchungen einbezog. Das Jugendamt, das nicht an einen positiven Ausgang des Gutachtens glaubte und seinem ⌜Mündel⌝ eine Enttäuschung ersparen wollte, informierte die Eltern darüber, daß das Findelkind 2307 sich schon einmal einem vergleichenden erbbiologischen Gutachten unterziehen mußte und daß dieses negativ verlaufen war. Der Junge aber, so das Jugendamt, habe sich damals viele Hoffnungen gemacht und sei nicht ohne seelische Einbußen aus dem Verfahren hervorgegangen. Darum könne man vorerst nur einem Bildervergleich zustimmen, alles Weitere müsse das Jugendgericht entscheiden. Für den Bildervergleich benötigte man Photos der Eltern, von Arnold und mir. Arnolds Photo aus dem Photoalbum war das einzige, was überhaupt von ihm existierte. Die Mutter löste es schweren Herzens aus dem Album. Würde es verlorengehen, wäre der ganze Arnold verloren. Da sich von mir keine brauchbare Photographie fand, wurde ich zum Photographen geschickt. Der Photograph war der Besitzer des einzigen Photogeschäftes am Ort und für die Ablichtung sämtlicher Bewohner zuständig. Die Ergebnisse seiner Arbeit dokumentierte er in einem Schaukasten, den er vor seinem Laden angebracht hatte und der zu den festen Stationen gehörte, die ich ansteuerte, wenn ich mit dem Fahrrad meine Runden durch die Ortschaft drehte. Vor dem Schaukasten spielte ich mein persönliches Roulette, das darin bestand, daß ich mit mir selbst eine Wette einging, welche lautete: Wetten, daß ich drei von den Personen kenne, die in dem Schaukasten ausgestellt sind. Zuweilen erhöhte ich auch auf vier oder fünf Personen. Doch das tat ich nur, wenn ich sicher sein konnte, daß der Photograph Klassenphotos ausgestellt hatte oder ganze Kommunions- oder Konfirmationsjahrgänge im Schaukasten präsentierte. Wenn sich die Ausstellung auf junge Ehepaare oder Familienphotos beschränkte, sanken meine Chancen, doch kam es oft genug vor, daß ich wenigstens eine oder zwei Personen wiedererkannte. Wenn ich die Wette verloren hatte, bestrafte ich mich mit Fahrradfahren: eine weitere Runde durch den Ort. Wenn ich die Wette gewonnen hatte, belohnte ich mich mit Fahrradfahren: ebenfalls eine weitere Runde durch den Ort. Ich wollte auf keinen Fall selbst in dem Schaukasten ausgestellt werden. Ich hatte den Schaukasten immer als eine Art ⌜Pranger⌝ empfunden, der die Menschen vor aller Welt bloßstellte. Und dies genau in dem Moment, wo sie glaubten, eine besondere Etappe in ihrem Leben erreicht zuhaben: als Konfirmanden, als Liebespaar, als Braut und Bräutigam, als Elternpaar mit Kindern. Ich wußte nicht, was sie eigentlich bloßstellte, denn ganz offensichtlich waren sie nicht entblößt, sondern auf das beste gekleidet und frisiert. Und doch sah ich, wie die Zeit an ihnen fraß, wie die Kinder älter wurden und das Elternpaar alt. Wenn ich in den Schaukasten mit den Photos blickte, dann begriff ich, daß die Menschen sterben mußten. Und nicht nur das: oft sah ich sie jetzt schon als Tote, sie waren zu Tode frisiert, zu Tode gekleidet, zu Tode photographiert. Ich wollte nicht in den Schaukasten, und bisher war auch niemand auf die Idee gekommen, mich zum Photographen zu schicken. Es hatte den Eltern vollkommen ausgereicht, daß ich auf den vorhandenen Familienphotos nur teilweise und manchmal so gut wie gar nicht zu sehen war. Nun kam alles darauf an, daß ich so deutlich wie möglich zu sehen war, was unter anderem bedeutete, daß ich in ein weißes Hemd mit ⌜Schillerkragen⌝ gesteckt wurde und mir der Vater eine Kurzhaarfrisur verordnete, die mich zu einer Art Lagerinsassen machte. Ich wurde gleichsam kahlgeschoren und dann von allen Seiten abgelichtet. Das ⌜Anthropologische Institut⌝, welches das Gutachten erstellte, hatte eigens darauf hingewiesen, daß die Ohren gut erkennbar sein müßten und daß eine Ohrhinteransicht äußerst hilfreich wäre. Um dem Institut eine Ohrhinteransicht zukommen zu lassen, mußte eine Hinterkopfaufnahme gemacht werden, eine für den Photographen besondere Herausforderung, der er sich in meinem Fall zum ersten Mal stellen mußte. Während er die Vorder- und Seitenaufnahmen routiniert erledigte, widmete er sich der Hinterkopfaufnahme mit äußerster Sorgfalt und machte eine ganze Serie von jeweils verschieden ausgeleuchteten Aufnahmen. Schon die üblichen Aufnahmen hatte ich nur verkrampft über mich ergehen lassen, die nicht enden wollenden Hinterkopfaufnahmen aber waren eine Tortur*, denn ich betrachtete meinen Hinterkopf in gewisser Weise als meinen schwächsten und unansehnlichsten Körperteil. Normalerweise lebt ein Mensch mit seinem Hinterkopf, ohne ihn eigentlich wahrzunehmen oder ihm besondere Aufmerksamkeit zuteil werden zu lassen. Für mich war der Hinterkopf insofern ein hochproblematischer Körperteil, als ich schon in frühester Kindheit immer darum bemüht war, meine Haare darüber wachsen zu lassen. Es gab für mich nichts Schöneres, als langes Hinterkopfhaar zu tragen; und ich war glücklich, wenn das Haar an den Kragen reichte oder sogar über den Kragen hinauswuchs. Je länger mein Haar war, um so zufriedener war ich mit mir selbst. Für den Vater galt allerdings das genaue Gegenteil: je länger mein Haar war, um so unzufriedener war er mit mir. Durfte mein lockiges Kleinkindhaar noch fast bis auf die Schultern reichen, so verkürzte sich die väterliche Toleranzgrenze von Lebensjahr zu Lebensjahr um einige Zentimeter. Je älter ich wurde, um so kürzer mußte mein Haar sein. Inzwischen war ich bei Streichholzlänge angekommen, wobei schon seit langem nicht mehr daran zu denken war, daß das Haar noch an die Ohren oder den Hemdkragen stoßen durfte. Doch mit der Zeit genügte auch das dem Vater nicht mehr, ein inneres

*Tortur: Qual, Strapaze

Maß hatte seine Toleranzgrenze auf Frontsoldaten- beziehungsweise Lagerinsassenhaarlänge festgelegt. Das war freilich so ohne weiteres nicht durchzusetzen, selbst der Friseur plädierte weiterhin für einen »knappen Fassonschnitt« und schreckte vor der Rundumrasur zurück. Erst das notwendige Bildergutachten erlaubte dem Vater, sein Idealmaß durchzusetzen und meinen Kopf rundherum bis auf die Haut freilegen zu lassen. Die Hinterkopfaufnahmen gehören gewiß zu den sorgfältigsten Photographien, die jemals von mir gemacht worden sind. Ob sie das vergleichende Bildergutachten beeinflußt haben, vermag ich nicht zu sagen. Nach ungefähr sechs Wochen erreichte die Eltern ein Brief des vom Jugendamt beauftragten Anthropologischen Instituts, in dem ein Professor Dr. med. Friedrich Keller aus Hamburg wissen ließ, daß der Vergleich zwischen Findelkind und gesuchtem Kind insofern schwierig sei, als vom gesuchten Kind nur ein Photo im Kleinstkindalter vorliege, welches zum einen, so der Professor, noch die allgemein kindlichen Prägungen aufweise und auf welchem zum anderen die weitgehend altersstabile Ohrregion nicht sichtbar sei, da das Gesicht des Kindes von einem Wolljäckchen umrahmt sei, welches die Ohren komplett verdecke. Erst jetzt wurde auch den Eltern bewußt, daß der kleine Arnold mit verdeckten Ohren photographiert worden war. An die Ohren, sagte die Mutter, sei damals nicht gedacht worden. Schließlich sollte das Photo ja auch keine Vorlage für ein Gutachten werden, sondern eine Erinnerung an den ersten Geburtstag des Kindes. Niemand hatte auf die Ohren des Kindes geachtet, auch nicht der Photograph. Der Mann war mitsamt seiner Ausrüstung eigens aus der Kreisstadt Gostynin nach Rakowiec auf den Hof der Eltern gekommen, sogar die weiße Wolldecke hatte er mitgebracht, aber an die Ohren dachte auch er nicht. Nun fehlten sie und erschwerten die Untersuchung, was ich nicht ohne Schadenfreude zur Kenntnis nahm, denn letztlich war Arnold daran schuld, daß ich die Tortur der Rundumrasur und der Hinterkopfaufnahmen über mich hatte ergehen lassen müssen. Ich wurde genötigt, meinen kahlgeschorenen Hinterkopf preiszugeben, bei Arnold aber hatte man noch nicht einmal auf die Ohren geachtet. Sollte Arnold sehen, wo er bleibt, dachte ich, äußerte dies aber mit keinem Wort, denn die Eltern waren bereits über die ersten Sätze des Gutachtens außerordentlich bestürzt. Speziell die Mutter, die wochenlang an nichts anderes als an das Eintreffen des Gutachtens hatte denken können, reagierte mit einer Art Schockreaktion, als der Vater ihr die ersten Sätze des Gutachtens vorlas. Sie schlug die Augen nieder, stützte den Kopf in die Hände und schien nicht mehr ansprechbar zu sein. Nur ein Zittern des Kopfes verriet die Erregung, in der sie sich befand. Glücklicherweise klangen die weiteren Ausführungen des Professors etwas weniger pessimistisch, schrieb er doch über meine Photos und die der Eltern, daß sie »einen verhältnismäßig guten Einblick in das Erbanlagengefüge der Familie« zuließen. Er konnte den Photos unter anderem entnehmen, daß die Eltern »⌜eine hohe Stirn mit flachem Relief« zeigten. Beim Findelkind 2307 entdeckte er dagegen »eine weniger hohe Stirn mit allerdings auffällig starkem Relief«, was nur dann gegen die Möglichkeit einer Verwandtschaft gesprochen hätte, hätte er diese ausgeprägte Form der von ihm Tubera frontalia⌝ genannten Stirnregion nicht auch »beim Bruder des gesuchten Kindes«, also bei mir, gefunden. Das, so der Professor, könne »auf ein gemeinsames Erbanlagengefüge« hindeuten, müsse es aber nicht. Darüber hinaus entdeckte Professor Keller beim Findelkind 2307 »eine mäßig weite, etwas geschlitzte ⌜Lidspalte⌝« und kam zu der Feststellung, daß diese Lidspalte zwar nicht mit der Lidspalte des Vaters und meiner Lidspalte übereinstimme, wohl aber mit der Lidspalte der Mutter, die er ebenfalls »mäßig weit« und »etwas geschlitzt« nannte. »Ihr ähnelt euch«, sagte daraufhin der Vater zur Mutter, die erst jetzt den Kopf aus ihren Händen löste und ihn ansah. Dann las er ihr noch einmal die Passage über die Lidspalte vor, setzte sich zu ihr, nahm sie in den Arm und drückte sie an sich. Die Mutter schwieg weiterhin, aber ich konnte sehen, wie das Zittern ihres Kopfes langsam nachließ und schließlich ganz verschwand. Der Ohrenvergleich, mit dem das Gutachten endete, fiel jedoch weitaus ungünstiger aus als erhofft und lief darauf hinaus, daß sich das Findelkind in der Ohrregion mehrfach erheblich sowohl von den Eltern als auch von mir unterschied. Speziell der »höhere Grad der Einrollung der Helix*« war Professor Keller beim Findelkind 2307 aufgefallen. Darüber hinaus bemerkte er »das Fehlen der Ausbuchtung der Helix in der Gegend der ⌜Tierohrspitze⌝«, was die Eltern betrübt, aber ohne Kommentar zur Kenntnis nahmen. Ich dagegen war erleichtert, daß Tierohrspitzen oder ähnliches an mir nicht festgestellt worden waren. Auch der sogenannte Abwinklungsgrad des Ohrläppchens gegenüber der Ohrebene schien beim Findelkind 2307 größer zu sein als beim Vater oder der Mutter. Dagegen weiche aber, so der Gutachter, mein Abwinkelungsgrad des Ohrläppchens gegenüber der Ohrebene nur unwesentlich von dem des Findelkindes ab. Das hatte zur Folge, daß Professor Keller zu dem Schluß kam, daß trotz einiger gemeinsamer Merkmale von einer bemerkenswerten Familienähnlichkeit des Findelkindes 2307 nicht gesprochen werden könne. Darum sei aus erbbiologischer Sicht eine Identität des gesuchten Kindes Arnold mit dem Findelkind 2307 »in hohem Maße unwahrscheinlich«.

(griech.) des Ohrrands

Damit war, für mich jedenfalls, Arnold ein weiteres Mal gestorben. Beziehungsweise das Findelkind 2307. So unwahrscheinlich es nun war, daß es sich bei dem Findelkind um meinen Bruder handelte, so unwahrscheinlich war es nun auch geworden, daß ich mit ihm mein Zimmer teilen mußte. Ich war beruhigt, auch ein wenig enttäuscht, aber mehr beruhigt als enttäuscht. Die Eltern aber waren weder beruhigt noch enttäuscht, sondern verzweifelt. Vor allem die Mutter ertappte ich des öfteren dabei, wie sie sich die Tränen aus dem Gesicht wischte oder einfach nur am Tisch saß und vor sich hin starrte. Manchmal geschah es, daß sie die Arme nach mir ausstreckte, mich an sich drückte, meinen Kopf mit ihren Händen bedeckte und fest an ihren Bauch drückte. Dort blieb mir die Luft weg, und ich begann zu schwitzen, während ich spürte, wie erst der Bauch und dann die ganze Mutter bebte. Ich wollte nicht an den Bauch der Mutter gedrückt sein, und ich wollte nicht, daß die Mutter bebte, während ich an ihren Bauch gedrückt war. Doch je weniger ich atmete, um so mehr drückte sie mich an sich, fast, als wollte sie mich in ihren Bauch hineindrücken. Aber ich wollte nicht in den Bauch der Mutter hineingedrückt werden, ich wollte gar nicht gedrückt werden. Früher hatte mich die Mutter nie gedrückt, und jetzt wollte ich nicht mehr gedrückt werden, ich kam sehr gut zurecht, ohne gedrückt zu werden. Aber die Mutter kam anscheinend nicht mehr zurecht, ohne zu drücken. »Laß dich drücken«, sagte sie manchmal und aus heiterem Himmel. Doch wenn sie mich dann drückte, war es ein schweres, verzweifeltes, ein vom Beben und Erschauern ihres Körpers begleitetes Drücken. Je mehr die Mutter bebte und erschauerte, um so stärker drückte sie mich an ihren Bauch und fast in ihren Bauch hinein. Ich wagte nicht, der Mutter zu sagen, daß ich nicht gedrückt werden wollte. Einige Male war es vorgekommen, daß ich mich ihren Händen entzogen hatte und vor ihrer Umarmung zurückgewichen war. »Laß dich drücken«, hatte die Mutter gesagt, doch ich war noch im letzten Moment ein wenig in die Knie gegangen und hatte zugleich einen Ausfallschritt nach hinten gemacht, so daß die Mutter, schon mit halbgeschlossenen Lidern und ein wenig wie in Trance, ins Leere griff und dabei fast vornüberkippte. Dann fing sie sich wieder, riß die Augen auf, starrte in den leeren Raum, der sich zwischen ihr und mir aufgetan hatte, und mit einem Schlag wich alle Farbe aus ihrem Gesicht. Bleich und schattenhaft stand die Mutter vor mir, als wäre ihr alles Blut aus dem Körper geflossen. Während sich die Mutter nur schwer vom Ergebnis des Gutachtens erholte, kümmerte sich der Vater um so mehr um das Geschäft. Hatte er bisher jede Rücksicht auf die Mutter genommen und alles dafür getan, daß die Suche nach Arnold erfolgreich verlief, so mußte ich jetzt des öfteren erleben, wie er mit der Mutter in Streit geriet. Der Streit endete zumeist mit einem Wutanfall des Vaters, mit Gebrüll und Türenschlagen und immer wieder mit dem Satz »Ich muß mich um das Geschäft kümmern!« Wenn der Vater sich um das Geschäft kümmerte, dann hieß das vor allem: Umsatzsteigerung. Schließlich hatte er sich auch bisher um das Geschäft gekümmert, doch dabei seine kaufmännische Grundmaxime* vernachlässigt, welche lautete: Stillstand ist Rückgang. Und Rückgang ist der Anfang vom Ende. Um dem zuvorzukommen, beschloß er, ein eigenes Kühlhaus zu errichten. Bisher wurden die Fleischwaren in einem am Ortsrand gelegenen Kühlhaus gelagert, was den Nachteil hatte, daß für die Lagerhaltung Miete zu zahlen war. Da jede Umsatzsteigerung immer auch mit einer gesteigerten Lagerhaltung einherging, war jede Umsatzsteigerung zugleich auch mit steigenden Kosten für die Lagerhaltung verbunden. Um Platz für das Kühlhaus zu schaffen, mußten die Nebengebäude des Hauses abgerissen und der Garten umgestaltet werden. Bei den Nebengebäuden handelte es sich um den Pferdestall der früheren Poststelle, ein Waschhaus und einen Geräteschuppen, über dem sich ein Taubenschlag befand. Eine ⌜»Polenwirtschaft«⌝ nannte der Vater die alten, schon ein wenig verfallenen Gebäude. Aber er hatte sie in dem Zustand gelassen, in dem er sie vorgefunden hatte, und dies wohl

* Grundsatz

auch, weil sie ihn an seine bäuerliche Vergangenheit in Rakowiec erinnerten. Der Pferdestall mit den Kojen und den eisernen Haken, an denen noch brüchiges und mit einer mehligen Schimmelschicht überzogenes Pferdegeschirr hing, das Waschhaus mit dem steinernen Wasserkessel, der direkt befeuert werden konnte, die Zinkwanne, die nicht nur zum Wäschewaschen benutzt wurde, sondern auch der Familie als Badewanne gedient hatte, der Geräteschuppen mit den Arbeitsgeräten, den Harken, Sicheln, Sensen und dem mit einem Trittbrett zu bedienenden Schleifstein. Schließlich der Taubenschlag, in dem ein Dutzend Tauben nisteten, die der Vater mit Namen ansprach, wenn er ihnen das Futter ausstreute, und die ihn ebenfalls zu kennen schienen. All das wurde binnen einer Woche dem Erdboden gleichgemacht. Zuerst wurden die Tauben getötet, dann Pferdestall, Geräteschuppen und Waschhaus abgerissen. Die Familie war an den Arbeiten beteiligt. Der Vater dirigierte die Arbeiten, die Mutter stand mit Gummistiefeln in den Trümmern und machte sich nützlich, wo immer es ging. Meine Aufgabe bestand darin, den Schutt mit abzuräumen. Ich füllte tagelang Eimer um Eimer mit Bauschutt und trug alles zur Verladestelle an der Hofeinfahrt. Während des Abrisses war das gesamte Gelände in Staub gehüllt, und der Staub wollte auch dann noch nicht abziehen, als auch die letzten Reste des Bauschutts auf Lastwagen verladen und abtransportiert worden waren. Der Staub war auf der Haut, in den Kleidern, im Mund und in den Augen. Er schmeckte nach Stroh, nach getrocknetem Mist, nach Erde und Tieren, und ein wenig schmeckte er auch nach dem Futter, das der Vater den Tauben in den Schlag gestreut hatte. Als sich der Staub verzogen hatte, wurde auch das anliegende Gartengelände bis auf die Grenzmauer und eine Buchenhecke planiert und für die Ausschachtungsarbeiten vorbereitet. Der Vater drängte den Architekten und die Baufirma zur Eile, die Mutter schien es auf ihre Weise ebenfalls eilig zu haben, das Kühlhaus zu errichten. Beide schliefen nur wenige Stunden, denn die laufenden Geschäfte mußten ja weitergeführt werden. Nach einigen Wochen wurde das Richtfest gefeiert, zugleich wurde das restliche Grundstück asphaltiert, damit die Lieferwagen in Zukunft darüber hinwegrollen konnten, und nicht mal drei Monate nach dem Abriß stand dort, wo einmal das Pferdegeschirr aufbewahrt, der steinerne Waschkessel befeuert wurde und wir in der Zinkwanne gebadet hatten, eine Art Lagerhalle mit graublauem Anstrich und einer mit einem Drehverschluß versehenen Isoliertür, durch die kalter Dampf entwich, wenn man sie öffnete. Die Investition hatte sich gelohnt, das Kühlhaus verschaffte dem Vater einen Vorsprung vor den Konkurrenten. Er konnte längerfristig planen, großzügiger disponieren*, die Preisschwankungen nutzen und darüber hinaus einen Teil der Lagerfläche an andere Händler vermieten, die ebenfalls Kühlungsbedarf, aber kein eigenes Kühlhaus hatten. Das Geschäft florierte so gut, daß der Vater es mit der Zeit auf sechs Lieferwagen und ebenso viele Fahrer brachte, die in seinem Auftrag Bestellungen aufnahmen und auslieferten. Meist war der Vater selbst mit einem der Fahrer unterwegs. Er ging »auf Tour«, wie er es nannte. Er handelte noch immer nach der Devise, daß das Wichtigste der Kundenkontakt sei. Und wenn er nicht die Kunden besuchte, dann suchte er die Bauernhöfe und Schlachtbetriebe auf, von denen er das Fleisch bezog. Der Besuch auf den Bauernhöfen geschah zumeist am Wochenende und nicht selten auch sonntags. Der Vater kümmerte sich sieben Tage in der Woche um das Geschäft, und die Mutter half ihm sieben Tage in der Woche dabei. Eines Abends, der Vater war nicht »auf Tour« gewesen und hatte den Tag mit Büroarbeiten verbracht, erlitt die Mutter einen Schwächeanfall und stürzte so unglücklich auf den Küchenboden, daß sie sich eine Schädelfraktur* zuzog. Es dauerte

(lat.) einteilen

Schädelbruch

viele Wochen, bis die Fraktur so weit verheilt war, daß die Mutter wieder ihren täglichen Verrichtungen nachgehen konnte. Doch hatte sie ihre Zeit im Krankenhaus mit nichts anderem verbracht, als an die Vergangenheit zu denken, den Krieg, die Flucht und das Schreckliche, das ihr zugestoßen war. Wohl war der Schädelbruch verheilt, doch war die Mutter nach ihrer Entlassung aus dem Krankenhaus mehr denn je in sich versunken, schweigsam und still. Der Vater suchte sie aufzumuntern, er machte ihr Geschenke und überraschte sie damit, daß er ihr einen Autokauf ankündigte. Er hatte, ohne es die Mutter oder mich wissen zu lassen, die schwarze Limousine mit den Haifischzähnen verkauft und einen Wagen bestellt, den es bisher noch nicht gegeben hatte und bei dem es sich um einen sogenannten ⌜Opel Admiral⌝ handelte. Mit dem Wagen beförderte er gewissermaßen sich selbst vom Kapitän zum Admiral, und er glaubte, auch die Familie damit auszeichnen zu können. Nun war der Wagen beim Händler eingetroffen, er mußte nur noch bezahlt und abgeholt werden. Der Vater wollte den Wagen bar bezahlen. Auch das Fleisch, das er beim Bauern kaufte, bezahlte er bar, schließlich hatte er auch in Rakowiec, wenn er auf den Viehmarkt gegangen war, seine Geschäfte in bar abgewickelt. Barzahlung war Ehrensache und brachte einen auf handgreifliche Weise sowohl in den Besitz der Dinge, die man erwarb, als auch um das Geld, das man dafür opfern mußte. Wäre es nach dem Vater gegangen, hätte er seine Geschäfte ausnahmslos in bar abgewickelt. Besonders bei der Lohnauszahlung hätte er es vorgezogen, den Fahrern am Monatsende ihren Lohn direkt aus einer Geldkassette in die Hand zu zählen, statt das Geld auf ein Konto zu überweisen. Auch das Geld für den Admiral wollte der Vater dem Autohändler direkt in die Hand zählen. Es handelte sich um ein dickeres Bündel von Hundertmarkscheinen, das er am Tag vor dem Autokauf von der Bank geholt hatte. Er deponierte das Geld am Nachmittag in einer leeren Zigarrenkiste auf dem Küchentisch, und die schwermütige Mutter warf es am Abend, noch ehe der Vater einschreiten konnte, in den brennenden Küchenherd. Sie wolle keinen Admiral, sagte die Mutter. Sie wolle ihr Kind. Dann setzte sie sich an den Tisch und sagte nichts mehr; nur ihr Kopf zitterte wieder, wie er schon einmal gezittert hatte. Hätte ich die Untat begangen, der Vater hätte mich gewiß halbtot geprügelt. Die Mutter aber rührte er nicht an. Er schrie nicht einmal, sondern besann sich, griff nach der Brikettzange und holte so viele der brennenden Hundertmarkscheine aus dem Feuer, wie er nur greifen konnte. Einen Teil des Geldes konnte er retten, die Bank ersetzte ihm alle die Scheine, die nur bis zu einem gewissen Teil verbrannt und eindeutig zu identifizieren waren. Der Rest, ungefähr ein Drittel der Summe, war verloren, doch bewahrte er noch lange die Aschereste in einem Einmachglas auf. Ich habe seit diesem Vorfall den Vater nie wieder mit der Mutter streiten hören. Und auch das verbrannte Geld wurde nie wieder erwähnt. Den Admiral kaufte er trotzdem. Doch am selben Tag, an dem der Wagen auf den Hof rollte und neben dem Kühlhaus geparkt wurde, verfaßte er je ein Schreiben an das zuständige Jugendamt und an den Suchdienst des Roten Kreuzes, in dem er ein anthropologisch-erbbiologisches Abstammungsgutachten beantragte. Der Suchdienst unterstützte den Antrag, das zuständige Jugendamt aber wollte, wie es den Eltern schrieb, das Mündel mit der Kennziffer 2307 vor weiteren Enttäuschungen bewahren, schließlich sei mit ihm schon einmal ein anthropologisch-erbbiologisches Abstammungsgutachten durchgeführt worden, welches sich, wie schon gesagt, seelisch nicht gut auf den Jungen ausgewirkt habe. Speziell die im Rahmen des gutachterlichen Verfahrens vorgenommene Gegenüberstellung mit den möglichen Eltern habe ihn außerordentlich belastet. Inzwischen habe er sich aber, so das Jugendamt, mit seinem Schicksal abgefunden, und ein weiteres negatives Gutachten würde den Jungen nur erneut beunruhigen. Der Vater schaltete einen Rechtsanwalt ein und erstritt auf gerichtlichem Wege das Recht, ein weiteres Gutachten machen zu lassen. Die Daten des Findelkindes 2307 lagen bereits vor, die Daten des Vaters, der Mutter und von mir mußten noch erhoben werden. Das Jugendamt vereinbarte einen Termin mit einem Dr. phil. et med.* Freiherr von Liebstedt, Professor für Anthropologie und Erbbiologie an der Universität Heidelberg und Leiter des Gerichtsanthropologischen Laboratoriums, der das Gutachten erstellen sollte. Seit der Untersuchungstermin den Eltern mitgeteilt worden war, besserte sich der Zustand der Mutter. Das Zittern des Kopfes verschwand, sie sprach wieder mehr und lachte sogar gelegentlich, sie freute sich auf die Reise nach Heidelberg, und sie freute sich nun auch über den Admiral, der uns dorthin bringen sollte. Ich freute mich nicht auf die Reise. Auch der neue Wagen freute mich nicht, denn kaum saß ich in dem Wagen, verstärkten sich die Symptome meiner Reisekrankheit wieder. Schon der kürzeste Aufenthalt im Admiral bereitete mir Übelkeit, und wahrscheinlich lag dies an dem Geruch, der von der Innenausstattung des Wagens ausging. Der Admiral war gänzlich mit Kunststoff ausgestattet, die Sitze waren mit künstlichem Leder bezogen, die Türen und Armaturen mit grauem Kunststoff verkleidet, und selbst das Wagendach war von innen mit einer gepolsterten und gesteppten Kunststoffdecke bespannt. Sobald der Wagen rollte und sich die Maschine erwärmte, erwärmte sich auch der Innenraum des Wagens und löste einen süßlichen Geruch aus dem Kunststoff, gegen den sich meine Geruchs-, Geschmacks- und Magennerven so sehr sträubten, daß ich mich binnen kürzester Zeit zu übergeben drohte. Der Vater hatte für meine körperlichen Reaktionen kein Verständnis, er empfand sie als Angriff gegen seine Person und als Undankbarkeit. Schließlich hatte er hart gearbeitet und für

Doktor der Philosophie u. der Medizin

Wohlstand gesorgt, und zum Dank erbrach ich mich. Glücklicherweise hatte ich es bisher vermeiden können, mich direkt in den neuen Wagen zu erbrechen, fürchtete mich aber vor einer längeren Autobahnfahrt. Da auch die Eltern fürchteten, daß ich eine Autobahnfahrt nicht durchstehen würde, versorgten sie mich mit Tabletten, mit deren Einnahme ich schon einige Tage vor der Reise beginnen mußte. Anscheinend wirkten sie wie eine Schutzimpfung. Ich wurde gegen die Reise nach Heidelberg geimpft, und ich hatte das Gefühl, daß ich auch gegen Arnold geimpft wurde. Die Tabletten wirkten, und ich überstand die Fahrt, ohne mich ein einziges Mal übergeben zu müssen. Allerdings trat die Trigeminusneuralgie während der Reise wieder auf, so daß mein Gesicht des öfteren von heftigen Schmerzattacken durchzuckt wurde, welche mir wiederum das krampfartige Grinsen aufnötigten, das den Vater schon früher geärgert hatte und ihn auch diesmal in Rage brachte. Wir erreichten darum in eher angespannter Atmosphäre die Stadt und bezogen auch sogleich, ohne etwas von Heidelberg gesehen zu haben, das Zimmer einer Privatpension ganz in der Nähe des Gerichtsanthropologischen Instituts. Obwohl der Vater einen Opel Admiral fuhr, wäre er nie auf die Idee gekommen, in einem Hotel abzusteigen. Ein Bauer aus Rakowiec ging nicht ins Hotel. Ein Bauer aus Rakowiec fuhr auch keinen Admiral. Aber der Vater konnte den Erfolg seiner Arbeit schließlich nicht in einer zweispännigen Pferdekutsche dokumentieren. Ein Bauer aus Rakowiec hatte normalerweise auch keinen Termin bei einem Professor Dr. phil. et med., und schon gar nicht bei einem, der zudem noch ein Freiherr war, und so konnte ich am nächsten Morgen bei dem doch überaus selbstsicheren Mann zum ersten Mal eine Art Lampenfieber bemerken. Der Vater war nervös wie ein Prüfling, und die Mutter versuchte ihn zu beruhigen, indem sie ihm die Krawatte band, ihm in den Anzug und in die Schuhe half.

Sie machte aus dem Bauern einen Geschäftsmann, und dieser verlor erst dann wieder etwas von seiner Unruhe und Unsicherheit, als er im korrekten grauen Anzug, mit Mantel und Hut auf die Straße trat und mir und der Mutter mit festen Schritten in Richtung Gerichtslaboratorium vorausging. Das Laboratorium befand sich in einem aus mehreren Gründerzeitvillen bestehenden Gebäudekomplex. Der Vater suchte nicht lange herum und steuerte gleich auf das erste Gebäude zu, bei dem es sich allerdings nicht um das Gerichtsanthropologische, sondern um das ⌜Gerichtspathologische Institut⌝ handelte und in welches niemand ohne Dienstausweis hineingelassen wurde. Der Pförtner wies uns den Weg zum Gerichtsanthropologischen Laboratorium, das sich im inneren Teil des Geländes befand und das wir nicht ohne Zögern betraten, rollte doch genau in dem Moment, in dem wir die Stufen des von Säulen gesäumten Portals hinaufsteigen wollten, ein Leichenwagen auf uns zu und machte direkt vor der Villa halt. Der Fahrer des Wagens stieg aus, sprang die Treppen hoch und verschwand in der Villa. Nachdem der Vater einige Zeit gewartet und sich vergewissert hatte, daß hier keine Toten angeliefert wurden, betrat er ebenfalls das Gebäude. Ein Pförtner begleitete uns bis zu den Laborräumen des Freiherrn von Liebstedt, wo eine Vorzimmerdame die Personalien notierte und uns an eine Laborantin weitergeleitete. Wir wurden in einen Warteraum geführt und von der Laborantin ohne weitere Erklärungen aufgefordert, Schuhe und Strümpfe auszuziehen, was die Mutter in einer Umkleidekabine erledigte, der Vater und ich aber an Ort und Stelle. Der Vater, der nicht mehr, wie auf den alten Photos, ein schlanker und junger Soldat war, sondern ein übergewichtiger Geschäftsmann, hatte Mühe mit dem Bücken, so daß ich ihm beim Ausziehen der Schuhe und Strümpfe behilflich sein mußte. Ich hatte ihm schon des öfteren beim An- und Ausziehen der Schuhe geholfen, aber ich hatte ihm noch nie die Socken ausgezogen. Ich hatte auch noch nie, so wurde mir jetzt bewußt, die nackten Füße des Vaters gesehen. Vom Vater kannte ich den Kopf, den Hals, die Hände und einen Teil der Unterarme. Alles andere hatte ich nie zu Gesicht bekommen, und es war mir bis zu diesem Moment auch ganz natürlich erschienen, daß der Körper des Vaters nicht aus Fleisch und Blut, sondern aus gestärkten Hemden, einem Anzug mit Weste und Lederschuhen bestand. Nun zog ich ihm im Gerichtsanthropologischen Institut der Universität Heidelberg die Socken aus und mußte feststellen, daß sich die Füße des Vaters insgesamt zwar nicht von den Füßen anderer Menschen unterschieden, daß sie sich aber, jeder für sich genommen, voneinander unterschieden. Der Vater hatte zwei gänzlich verschiedene Füße. Der rechte Fuß war ein eher fleischiges, muskulöses Organ mit kurzen, kräftigen Zehen, die sich wie der ganze Fuß geschmeidig und fest auf den Boden drückten. Der linke Fuß dagegen war schlank, knochig und ein wenig gewölbt, mit ebenso knochigen und fast krallenartigen Zehen. Seltsamerweise waren auch die Nägel am linken Fuß nicht so kurz geschnitten wie die des rechten Fußes, so daß der krallenartige Eindruck noch verstärkt wurde. Weder die Mutter noch der Vater hatten jemals über die unterschiedlichen Füße des Vaters gesprochen, und auch jetzt machte er keine Anstalten, irgend etwas zu seinen Füßen zu bemerken. Er ließ sich die Socken reichen und steckte sie, auch dies mit Selbstverständlichkeit, in die Taschen seines Jacketts, während ich die Schuhe ordentlich unter dem Stuhl plazierte. Noch ehe ich länger über meine Entdeckung nachdenken konnte, erschien die Laborantin und eröffnete uns, daß sie nun mit der Abnahme der Fußabdrücke beginne. Von Professor Liebstedt war noch immer nichts zu sehen, und möglicherweise würde er erst eingreifen, wenn es bedeutendere Dinge zu tun gab, als Fußabdrücke abzunehmen. Ich hatte mir das Abnehmen der

Fußabdrücke ganz ähnlich wie das Abnehmen der Fingerabdrücke vorgestellt und wartete schon gespannt darauf, die Eltern und mich mit tintenschwarzen Füßen zu sehen. Doch statt unsere Füße auf Stempelkissen zu drücken und sie dann über eine weiße Karteikarte abzurollen, baute die Laborantin einen faßähnlichen Behälter vor uns auf, der voller feuchter, heißer und dampfender Tücher war, die wiederum in einer weißen Gipsbrühe schwammen. Die gipsgetränkten Tücher wurden nun dem Vater, der Mutter und mir um den rechten Fuß gewickelt. Anscheinend genügte dem Laboratorium der Abdruck von jeweils einem Fuß. Die Laborantin, die nur mit unseren rechten Füßen beschäftigt war und unsere linken keines Blickes würdigte, ahnte schließlich auch nichts von dem enormen Unterschied zwischen dem rechten und dem linken Fuß des Vaters. Der Gipsabdruck seines rechten Fußes würde auf einen gänzlich anderen Menschen schließen lassen als der Gipsabdruck seines linken Fußes, und einen Moment lang überlegte ich, ob ich die Laborantin auf die Problematik hinweisen sollte. Ich tat es nicht, und dies zuallererst aus Furcht vor dem Vater. Schließlich neigte er zum Jähzorn, überdies hatte ich bereits während der Autofahrt für einige Verstimmungen gesorgt. Außerdem, so sagte ich mir, könnte ich Arnold beziehungsweise dem Findelkind 2307 ein Schnippchen schlagen. Wies ich nämlich die Laborantin auf die Füße des Vaters hin, dann verdoppelte sich die Wahrscheinlichkeit einer Verwandtschaft. Hatte das Findelkind 2307 keine kräftigen fleischigen Füße mit platten kurzen Zehen, dann hatte es sicherlich knochige und gebogene Füße mit krummen langen Zehen. Lägen beide Fußabdrücke des Vaters vor, könnten sich die Gutachter den passenden Fuß aussuchen. Damit aber war so gut wie sicher, daß ich in Zukunft mein Leben mit Arnold zu teilen hatte. Ich wollte aber mein Leben nicht mit Arnold teilen. Ich wollte überhaupt nichts mit Arnold teilen. Darum schwieg ich und ließ dem Schicksal seinen Lauf. Schicksalsgöttin war die Laborantin, und die hatte sich für Vaters rechten Fuß entschieden. Nachdem der Gips getrocknet war, wurden uns die inzwischen steif gewordenen Tücher wieder abgenommen. Die Tücher bildeten, erläuterte die Laborantin, die jeweilige Hohlform, die in einem weiteren Arbeitsgang ausgegossen werde. Der so entstandene künstliche Fuß könne dann im Labor gründlich vermessen und ausgewertet werden. Schließlich, so die Laborantin, sei es ja nicht möglich, die zu begutachtenden Personen beziehungsweise ihre Körperteile tagelang auf den Schreibtisch des Freiherrn von Liebstedt zu legen. Die Frau, die ihrer Arbeit bisher eher mit einer gewissen Strenge nachgegangen war, reagierte auf ihre eigenen Worte mit einem bellenden Gelächter, das sie ebenso abrupt wieder einstellte, wie es aus ihr herausgeplatzt war. Der Vater nutzte die Gelegenheit, um die Laborantin nach Professor Liebstedt zu fragen. »Der Herr Professor ist nicht im Hause?« fragte der Vater. »Nein«, sagte die Laborantin. Dann schwieg sie, und auch der Vater schwieg. Anscheinend traute er sich nicht, noch ein weiteres Wort zu sagen, was vielleicht daran lag, daß wir noch immer mit bloßen Füßen dastanden. Die Laborantin führte uns zu einem Fußwaschbecken, wo wir uns reinigen und die Gipsspuren entfernen konnten. Nachdem die Mutter und ich uns die Füße gewaschen hatten, war der Fuß des Vaters an der Reihe. Diesmal war es die Mutter, die dem Vater half, ihm den rechten Fuß wusch und auch das Abtrocknen und Ankleiden übernahm. Nachdem wir angekleidet waren, eröffnete uns die Laborantin, daß wir den Oberkörper freimachen sollten. »Zur Bestimmung der Körperbaumerkmale«, sagte sie, »und bitte einer nach dem anderen.« »Und Professor Liebstedt?« fragte der nun wieder vollständig bekleidete Vater in einem etwas bestimmteren Ton. »Wir haben einen Termin für den heutigen Tag. Wir sind eigens angereist.« Die

Laborantin schaute den Vater überrascht an, schnalzte ein wenig mit der Zunge, spitzte dann die Lippen wie ein trotziges Kind, ging betont langsam zu ihrem Schreibtisch, blickte in den aufgeschlagenen Kalender und sagte mit dünner Stimme, daß wir ohne Termin gar nicht hier wären und daß unser Termin mit dem Professor am Nachmittag sei. Für Fußabdrücke und Körperbaumerkmale sei das Labor beziehungsweise sie persönlich zuständig. Die Kopfmerkmale werde der Professor am Nachmittag persönlich erfassen. »Und nun«, sagte die Laborantin, »machen Sie sich bitte frei. Aber einer nach dem anderen.« Als wenn wir uns danach gedrängt hätten, uns vor der Laborantin freizumachen. Das Gegenteil war der Fall. Ich ließ dem Vater den Vortritt, und der Vater ließ der Mutter den Vortritt, die dann auch mit der Laborantin hinter einem Vorhang verschwand. Nachdem auch die Körperbaumerkmale des Vaters erfaßt worden waren, begab ich mich hinter den Vorhang, zog Hemd und Unterhemd aus und wartete. Die Laborantin musterte mich mit kühlem Blick und schnalzte auf die gleiche abschätzige Art mit der Zunge, wie sie schon einmal geschnalzt hatte. Dann sagte sie »Nun wollen wir mal« und legte mir ein elastisches Meßband um die Schultern, um den Schulterumfang zu messen. Sie notierte die Werte, legte das Band um die Brust, maß den Brustumfang, notierte wieder und legte mir das Band schließlich um den Bauch. Obwohl in dem Laborraum eine eher kühle Temperatur herrschte, war mir während des Meßvorgangs immer heißer geworden. Ich begann aus Scham und Verlegenheit zu glühen und spürte, wie sich ein Schweißfilm auf der Brust bildete, der immer feuchter wurde, sich in der Mulde des Brustbeins sammelte, von wo er in dünnen Fäden den Bauch hinunterfloß und im Hosenbund versikkerte. Als die Laborantin das Meßband von meinem Bauch entfernen wollte, klebte es aufgrund der Feuchtigkeit so fest, daß sie es mir wie ein Pflaster von der Haut ziehen mußte. Die Laborantin hielt das feuchte Meßband mit spitzen Fingern in die Höhe, um die Meßwerte abzulesen. Dann rollte sie das Band nicht wieder zusammen, sondern ließ es auf eine Ablage fallen. »Nun noch den ⌜Rohrerindex⌝«, sagte sie mehr zu sich selbst als zu mir, nahm eine mit Einkerbungen und Ziffern versehene hölzerne Zange zur Hand und kniff mit dem Instrument in meinen Bauch, den ich unwillkürlich einzog. Die Zange rutschte ab, »Bauch raus«, sagte die Laborantin, ich streckte den Bauch wieder raus und hielt zugleich den Atem an, damit es der Laborantin endlich gelang, mit der Zange eine Speckfalte des Bauches zu greifen und festzuhalten. Während sie mit der einen Hand die eingeklemmte Bauchfalte festhielt, griff sie mit der anderen nach ihren Papieren und notierte die Werte, die sie direkt von der Zange ablesen konnte. Anscheinend waren ihr, noch während sie die Werte notierte, irgendwelche Ungereimtheiten aufgefallen, so daß sie sich, ohne den Zangengriff auch nur um ein weniges zu lockern, für einige Zeit ihren Aufzeichnungen zuwandte. Sie rechnete und verglich, stutzte und korrigierte schließlich ihre Aufzeichnungen, während ich noch immer den Atem anhielt. Denn sobald ich ein wenig Luft in meine Atemwege ließ und sich der Bauch ein wenig bewegte, drückte die Laborantin die Zange wieder fester zusammen. Also hörte ich erneut auf zu atmen, was zur Folge hatte, daß sich der Griff ein wenig lockerte. Nachdem die Laborantin ihre Korrekturen beendet hatte, löste sie auch die Zange von meinem Bauch, und ich durfte mich anziehen. Ich setzte mich zu den Eltern, die inzwischen im Warteraum Platz genommen hatten, und erzählte ihnen nichts von meinen Erlebnissen mit der Zange. Die Eltern machten einen gelassenen Eindruck, entweder wollten sie sich nicht anmerken lassen, daß auch ihre Bauchfalten vermessen worden waren, oder aber es hatte ihnen nichts ausgemacht. Nach einiger Zeit erschien die Laborantin im Warteraum und entließ uns in die Mittagspause, nicht ohne die Ermahnung, daß wir uns auf keinen Fall verspäten sollten und daß es das beste wäre, wenn wir das Haus erst gar nicht verließen, sondern unser Mittagessen in der Kantine einnähmen. Die Laborkantine befand sich im obersten Stockwerk des Gerichtsanthropologischen Laboratoriums und wurde anscheinend auch von den Mitarbeitern anderer Institute benutzt. Alle Tische waren besetzt, so daß wir uns zu einem einzelnen Mann setzten, der gerade dabei war, seinen leeren Teller von sich zu schieben und eine Bierflasche zu öffnen. Der Mann trug einen schwarzen Kittel, es handelte sich um den Fahrer des Leichenwagens, der uns sofort mit den Worten begrüßte, er habe uns doch schon draußen gesehen. Überhaupt handelte es sich bei dem Mann um einen äußerst redseligen Menschen, der uns, ohne daß wir danach gefragt hatten, darüber informierte, daß er zwar viel an der Gerichtspathologie zu tun habe, daß er sein Mittagessen allerdings immer an der Gerichtsanthropologie einnehme. Er sagte Gerichtsanthropologie und nicht Gerichtsanthropologisches Laboratorium, was darauf schließen ließ, daß er mit den hiesigen Verhältnissen bestens vertraut war. Am besten war er mit den unterschiedlichen Kantinen vertraut, wobei er neben der Kantine der Gerichtspathologie und der Gerichtsanthropologie auch die Kantinen des Oberlandesgerichts, der ⌜Forensischen Psychiatrie⌝, der Oberfinanzdirektion und der Landesnervenklinik kannte. Er komme halt viel herum, so der Mann, das bringe sein Beruf mit sich. Allerdings habe er bei der Oberfinanzdirektion beruflich nichts zu tun, das wäre ja noch schöner, da gehe er nur hin, weil ein Bekannter von ihm dort beschäftigt sei, und mit dem suche er dann gelegentlich die Kantine auf. Früher sei er regelmäßig in die Kantine der Oberfinanzdirektion gegangen. Genaugenommen sei er fast jeden Tag dorthin gegangen. Man glaube gar nicht, was sich die Finanzbeamten für eine Kantine leisteten. Während es in den anderen Kantinen zumeist Leberkäse mit Spiegelei oder ähnliches gebe, habe er bei den Finanzbeamten noch kein einziges Mal Leberkäse mit Spiegelei auf der Speisekarte gesehen. Auch Hühnerfrikassee oder Brathering, was in den anderen Kantinen fast täglich angeboten werde, gebe es in der Oberfinanzdirektion nicht. Er jedenfalls habe während seiner gesamten Oberfinanzdirektionszeit noch niemals Leberkäse mit Spiegelei beziehungsweise Brathering oder Hühnerfrikassee gegessen. Und er habe auch noch nie gesehen, daß die Finanzbeamten etwas in der Art gegessen hätten. Die Finanzbeamten würden ganz andere Dinge essen, Cordon bleu* zum Beispiel oder Rosenkohl mit gebräunter Butter und Prager Schinken oder überbackene Ananas mit Käsescheiben und Chicorée. Cordon bleu etwa habe er in noch keiner anderen Kantine entdeckt, die Kantine der Oberfinanzdirektion sei die einzige, in der man Cordon bleu essen könne, was in gewisser Weise auch seine Lieblingsspeise sei. Wenn Cordon bleu auf der Speisekarte stehe, dann bestelle er Cordon bleu. Während der Mann redete, studierten die Eltern die Speisekarte, auf der von allen Speisen, die der Mann eben erwähnt hatte, keine einzige zu entdecken war. Statt dessen gab es Sülze mit Remoulade und Bratkartoffeln oder aber Schweinenacken, ebenfalls mit Bratkartoffeln, was im Grunde leicht zu entscheiden war. Der Vater schickte mich an den Tresen, wo ich dreimal Schweinenacken bestellte, den wir auch nach wenigen Minuten an der Essensausgabe abholen konnten. Er habe auch Schweinenacken gegessen, sagte der Leichenwagenfahrer. Sülze sei ihm unheimlich, und wenn Fleisch auf der Speisekarte stehe, dann esse er auch Fleisch. Ihm gehe es ganz genauso, sagte daraufhin der Vater, der bis jetzt wie wir alle geschwiegen hatte. Das nächste Mal, sagte der Mann, sollten wir in der Oberfinanzdirektion essen, Er selbst würde allerdings nicht mehr dort essen, weil es dort Schwierigkeiten wegen seines Wa-

(franz.) Mit Käse u. Kochschinken gefülltes Schnitzel

gens gegeben habe. Er habe seinen Wagen immer vor der Oberfinanzdirektion geparkt, was ja auch ganz normal sei, auch alle anderen Kantinengäste, die keinen reservierten Parkplatz auf dem Hof der Oberfinanzdirektion hätten, würden ihre Wagen vor der Oberfinanzdirektion parken. Wegen seines Wagens habe es allerdings eines Tages Beschwerden gegeben, die bis hinauf zum Direktor der Oberfinanzdirektion gegangen seien. Die Beschwerden seien vor allem von den Beamten der Oberfinanzdirektion selbst ausgegangen, die meinten, daß es für das Ansehen des Finanzamtes nicht förderlich sei, wenn dauernd ein Leichenwagen vor dem Gebäude stehe. Das Ansehen des Finanzamtes und speziell auch der Oberfinanzdirektion sei insgesamt ja nicht das beste, und der Leichenwagen, so habe es ihm einer der Beamten ins Gesicht gesagt, würde den Ruf der Oberfinanzdirektion nachhaltig schädigen. Die Leute könnten einerseits denken, hier werde beständig gestorben, was man ganz und gar nicht sagen könne. Seines Wissens, hatte der Beamte gemeint, sei in der Oberfinanzdirektion noch niemand gestorben. Andererseits ginge von einem Leichenwagen ein abstoßender und klientenunfreundlicher Effekt aus. Der Beamte hatte klientenunfreundlich gesagt, sagte der Leichenwagenfahrer, denn die Steuerzahler seien zwar verpflichtet, ihre Steuern zu zahlen, gleichwohl seien die Beamten angehalten, die Steuerzahler wie Klienten* zu behandeln, denen man einen Dienst erweise. Natürlich, hatte der Finanzbeamte gesagt, würden die Steuerzahler diese Haltung nicht würdigen, so freundlich man ihnen gegenüber auch sei. Für den Steuerzahler seien die Finanzbeamten nichts anderes als Blutsauger und Straßenräuber. Er hatte sich beides schon anhören müssen, hatte der Finanzbeamte gesagt, und er und seine Kollegen wollten sich nun nicht auch noch anhören, daß sie ⌜Leichenfledderer⌝ seien. Der Leichenwagen vor der Oberfinanzdirektion aber lege das in gewisser Weise nahe, und

(lat.) Kunden eines Rechtsanwalts

darum wirke der Wagen in seinen und in den Augen seiner Kollegen wie Hohn auf die Arbeit der Steuerbehörde, die ja nichts anderem als dem Gemeinwohl diene. Der Leichenwagenfahrer beendete seine Erzählung, nahm einen weiteren Schluck aus der Bierflasche und sagte mit einem vielsagenden Lächeln und leicht zusammengekniffenen Augen: »Tote zahlen keine Steuern.« Obwohl wir nicht so recht wußten, was der Mann damit hatte sagen wollen, lächelten sowohl die Eltern als auch ich dem Leichenwagenfahrer freundlich zu, der noch einmal, gewissermaßen zur Belohnung für seine Ausführungen, die Bierflasche ansetzte, einen längeren Schluck nahm, die Bierflasche absetzte, sich den Mund abwischte und schwieg. Die Eltern und ich schwiegen ebenfalls, wir verzehrten unseren Schweinenacken, bis der Vater das Schweigen nicht mehr ertrug und zu dem Leichenwagenfahrer sagte: »Das letzte Hemd hat keine Taschen«, was diesen wiederum zu längeren Ausführungen über die Beschaffenheit von Totenhemden veranlaßte. Die Ausführungen liefen im wesentlichen darauf hinaus, daß es nicht nur ein denkbar breites Angebot an Leichenhemden gebe, sowohl was die Stoffe als auch was die Maße angehe. Es gebe darüber hinaus sehr wohl Leichenhemden mit Taschen. Viele Leute würden geradezu darauf bestehen, daß ihre Toten Leichenhemden mit Taschen trügen, wobei es sich aber immer um aufgesetzte und niemals um eingearbeitete Taschen handele. Vor einiger Zeit seien Brusttaschen mit Monogramm in Mode gekommen, schwarz gestickt natürlich und schlicht. Manche Kunden würden ihren Toten auch schwarze Einstecktücher in die Brusttaschen stecken. Weißes Hemd mit schwarzem Einstecktuch, sagte der Leichenwagenfahrer, als ginge man zu einer Cocktailparty. Dabei gehe es bloß ins Krematorium, und meistens ins Krematorium Heidelberg Süd. Das Krematorium Heidelberg Süd sei jüngst erst fertiggestellt worden und habe die größten Kapazitäten*.

*(lat.) Aufnahmefähigkeit, Fassungsvermögen

Der Direktor sei ein guter Bekannter von ihm, der früher einmal selbst Bestattungsunternehmer gewesen sei und bei dem er gelegentlich, wenn es Engpässe gab, ausgeholfen und verschiedene Fuhren übernommen habe. Schwarz natürlich, sagte der Leichenwagenfahrer und grinste so ausführlich, bis auch die Eltern merkten, daß es sich hierbei um einen besonders ausgeklügelten Leichenwagenfahrerwitz handelte. Die Eltern lächelten freundlich, hörten aber dem Mann nicht mehr richtig zu. Beide schienen sie müde vom Essen und in schläfriger Stimmung zu sein. Dem Vater fielen sekundenlang die Augen zu, und die Mutter blickte wie so oft mit erschöpftem und zugleich ein wenig gehetztem Blick in eine entlegene Ferne. Nur ich war wach geblieben und betrachtete den Leichenwagenfahrer aufmerksam, was dieser wohl als ein besonderes Interesse an seinen Geschichten deutete. Ich war allerdings mehr an seinem Gesicht und seinem Aussehen interessiert, aus dem ich die Spuren seines Berufes herauszulesen suchte. Ich suchte den Tod im Leichenwagenfahrer – oder wenigstens die Leiche. Der Tod hatte ein gerötetes Gesicht und bräunliche Zähne mit einer Lücke im Unterkiefer. Seine Haare waren streng nach hinten gekämmt, ohne Scheitel, und standen leicht über den Hemdkragen. Die Haare glänzten und waren ganz offensichtlich mit einer Frisiercreme behandelt worden. Der Tod benutzte eine Frisiercreme. Das gefiel mir nicht. Und mir gefiel auch nicht, daß die Koteletten des Mannes ebenfalls von Frisiercreme glänzten. Außerdem hatte er auf der Wange einen großen braunen Fleck, der mit einer rötlichen Kruste überzogen war. Ich bildete mir ein, daß es sich bei dem Fleck um einen Altersfleck handelte. Manche nannten diese Altersflecken auch Gruft- oder Grabflecken, und am deutlichsten konnte man sie auf den Händen alter Menschen sehen. Auch der Vater hatte schon einige dieser Grabflecken auf seinen Händen. Aber er hatte noch keinen im Gesicht. Die Blutkruste auf dem Grabfleck des Leichenwagenfahrers war noch ziemlich frisch. Wahrscheinlich hatte der Mann an dem Fleck herumgekratzt, möglicherweise hatte er sogar versucht, ihn abzukratzen. Der Leichenwagenfahrer, der für einen Grabfleck von dieser Größe noch viel zu jung war, hatte Angst vor dem Tod, dachte ich mir und fixierte weiterhin seine Wange, was diesen wiederum beflügelte, mit seinen Erzählungen fortzufahren. Das Besondere an dem neuen Krematorium sei die Leistungsfähigkeit der Öfen, sagte er. Mit den Öfen stehe und falle alles. Taugten die Öfen nichts, tauge das ganze Krematorium nichts. Die neuen Öfen seien allerdings phantastisch, sein Bekannter, der Direktor, habe ihm einmal alles vorgeführt und ihm auch eine Sammlung von nichtverbrannten beziehungsweise nicht brennbaren Leichenteilen gezeigt, künstliche Gelenke, Gebißteile, metallische Stifte, Nägel, Klammern und anderes. Der Direktor habe ihm aber auch die Reste einer gerade verbrannten Leiche gezeigt. Wobei er einen Aschenkasten unter einem der Öfen geöffnet und aus der Asche ein paar übriggebliebene Menschenknöchelchen herausgenommen habe. Um ihm zu demonstrieren, wie sauber, perfekt und hygienisch seine Verbrennungsöfen arbeiteten, habe der Direktor dann eines der Knöchelchen in den Mund genommen und darauf herumgebissen und ihn, den Leichenwagenfahrer, gefragt, ob er es auch einmal versuchen wolle. Dabei habe der Krematoriumsdirektor ihm eines der Knöchelchen in die Hand gedrückt und, während er selbst weiter auf seinem Knochen herumgebissen habe, immer wieder gerufen: »Probieren Sie mal! Probieren Sie mal!« Er habe aber dankend abgelehnt, sagte der Leichenwagenfahrer, alles habe seine Grenzen, obwohl er keinen Zweifel daran hatte, daß die Öfen absolut hygienisch arbeiteten. Hygiene sei das A und O im Bestattungswesen, sagte der Mann, Hygiene, Takt und Schnelligkeit seien die Grundelemente des Geschäfts. Bei dem Wort »Geschäft« erwachte der Vater aus seinem Dämmerzustand, sah auf die Uhr und sagte, daß wir uns beeilen müßten. »Wo soll's denn hingehen«, fragte der Leichenwagenfahrer, dessen Mittagspause sich anscheinend über mehrere Stunden erstreckte. »Zum Freiherrn von Liebstedt«, sagte der Vater, worauf der Leichenwagenfahrer erwiderte, als kenne er sich bestens mit dem Freiherrn aus: »Dann sollten Sie sich nicht verspäten.« Wir kamen mit einigen Minuten Verspätung in das Laboratorium, wo uns die Laborantin mit der Bemerkung empfing, daß wir um vierzehn Uhr und nicht um vierzehn Uhr zehn in ihren Kalender eingetragen seien. Die Eltern murmelten eine Entschuldigungsformel, worauf die Laborantin sagte, daß der Professor noch nicht da sei, aber jeden Moment eintreffen müsse. Wir warteten ungefähr eine halbe Stunde auf den Professor, der grußlos den Raum betrat und sich, ohne uns zu beachten, an die Laborantin wandte, die mit den Worten »Sie sind da« auf uns zeigte. Der Professor drehte sich zu uns um, nahm den Vater, die Mutter und mich in Augenschein, ging auf uns zu und gab jedem schweigend die Hand. Dann verschwand er in seinem Behandlungsraum, wir setzten uns und warteten erneut. Nach weiteren zwanzig Minuten erschien er, nun mit einem weißen Kittel bekleidet, und rief uns in den Behandlungsraum. Wir setzten uns vor den Schreibtisch, der Professor setzte sich dahinter und blätterte in seinen Unterlagen. Er war ein eher kleiner und schmächtiger Mann, mit einem schmalen, langgestreckten Schädel, einem grauen Haarkranz und einer goldgefaßten Brille. Im Revers seines Arztkittels steckte eine silberne Anstecknadel mit einem V-förmigen Symbol, vielleicht war es auch ein U. Ich wußte nicht, was dieses V oder U bedeutete, es schien mir aber darauf hinzudeuten, daß der Professor entweder einer besonderen Organisation angehörte oder aber daß er sich besondere Verdienste erworben hatte. Letzteres sah man schon daran, daß er Professor war. Außerdem war er ein

Freiherr, was den Vater noch mehr zu beeindrucken schien als der Professorentitel. Darum konnte dem Vater auch nichts Schöneres passieren, als daß der Professor nach einem längeren Studium der Unterlagen aufblickte und zu ihm sagte: »Sie kommen aus Rakowiec, Kreis Gostynin?« Noch ehe der Vater reagieren konnte, sagte der Professor, daß im Unterschied zu seinen Vorfahren väterlicherseits, die im Russischen beheimatet waren, sein Großvater mütterlicherseits ebenfalls aus dem Kreis Gostynin stamme und dort ein großes Gut besessen habe, daß dieses Gut aber wie alles andere auch verloren sei. Vorläufig jedenfalls. Der Vater, durch diese Gemeinsamkeit ermutigt, sagte: »Der Boden war gut in Rakowiec, guter Weizenboden«, worauf der Professor sagte, daß ein Boden so gut sei wie die Menschen, die ihn bearbeiteten. Seine Familie jedenfalls hätte noch aus jedem Boden etwas herausgeholt, während die Russen noch jeden Boden zuschanden gemacht hätten. Der Vater reagierte etwas überrascht, auch die Mutter zuckte ein wenig zusammen, denn von den Russen war bisher nicht die Rede gewesen, und beide schienen auch nicht besonders gewillt zu sein, über ihre Erfahrungen mit den Russen zu sprechen. »In Rakowiec hatten wir es nur mit Polen zu tun«, sagte der Vater. »In Rakowiec II.« Er stamme aber aus Rakowiec I, welches direkt neben Rakowiec II liege und eine rein deutsche Siedlung sei, wogegen Rakowiec II eine rein polnische Siedlung sei. Rakowiec I sei von seinen Vorfahren besiedelt und urbar gemacht worden, und nachdem aus der ehemaligen Sumpflandschaft eine fruchtbare Landschaft gemacht worden sei, seien auch die Polen gekommen und hätten sich in Rakowiec II angesiedelt. Eine schöne Unordnung sei das gewesen, sagte der Vater. Während man Rakowiec I schon von weitem ansehen konnte, daß dies das Dorf der Deutschen war, konnte man Rakowiec II schon von weitem ansehen, daß es von Polen bewohnt wurde. Alles Kraut und Rüben*. Abfälle im Garten,

*(ugs.) wild durcheinander

Schlammlöcher auf den Wegen, löchrige Zäune, offene Ställe, Gänse und Hühner, die im ganzen Dorf herumstreunten. Am Ende seien die polnischen Bauern aus Rakowiec II so verarmt gewesen, daß sie sich als Knechte bei den Deutschen in Rakowiec I verdingen mußten. Und alles wegen der Unordnung. »Die Russen«, sagte der Professor, der inzwischen wieder mit seinen Unterlagen beschäftigt war, »konnte man nicht mal als Knechte gebrauchen.« Dann sagte er nichts mehr, sondern zündete sich eine Zigarette an, die er einem mit Leder bezogenen Metalletui entnahm, und blätterte in den Unterlagen. Nach einigen Minuten weiteren Aktenstudiums blickte er auf und sagte, daß er hier die Fußabdruckwerte des Findelkinds 2307 vor sich habe, die nun mit unseren Fußabdruckwerten verglichen werden müßten. »Das macht unsere Laborantin heute noch, morgen wissen wir mehr.« Er müsse sich nun um den Kopfbereich kümmern und wolle auch gleich damit anfangen. Der Professor untersuchte zuerst die Eltern, während ich im Warteraum wartete. Von dort aus konnte ich die Laborantin beobachten, die sich mit den inzwischen ausgegossenen Fußformen beschäftigte. Anscheinend war für diesen Tag keine weitere Laborkundschaft bestellt worden, und sie konnte sich ganz unseren Angelegenheiten widmen. Der rechte Fuß des Vaters, der rechte Fuß der Mutter und mein rechter Fuß standen vor ihr auf dem Tisch. Sie war gerade dabei, die Fußsohle des Vaters einschließlich der Zehen und Ferse mit einer dunkelblauen tintenartigen Lösung zu bestreichen. Dann nahm sie den mit Farbe bestrichenen Fuß wie einen Stempel in die Hand und drückte ihn auf ein großes weißes Blatt. Sie betrachtete das Ergebnis ihrer Arbeit und war ganz offensichtlich zufrieden damit, denn nun nahm sie sich den Fuß der Mutter und schließlich meinen Fuß vor. Sowohl der Fuß der Mutter als auch mein Fuß verursachten größere Schwierigkeiten. Beide konnte sie nicht einfach als Stempel benutzen, sondern mußte, nach erneutem Bestreichen mit der Lösung, von den verschiedenen Fußpartien jeweils Einzelabdrücke machen. Hätte sie den linken, weniger platten Fuß des Vaters als Vorlage gewählt, dann hätte sie auch diesen nicht einfach wie einen Stempel auf das Papier drücken können. Im Zweifelsfall, dachte ich mir, wird die Laborantin ihre Gipsabdrücke also eher von den platten Füßen machen, um sich die Arbeit zu erleichtern. Was natürlich auch heißt, daß Findelkinder mit platten Füßen eine insgesamt größere Chance haben, als blutsverwandte Kinder identifiziert zu werden. Ich hätte mit meinen Füßen, die eher nach dem linken, also hohlen und krummen Fuß des Vaters geraten waren, demzufolge weniger Chancen, mit meinen Eltern wieder zusammengeführt zu werden. Zum Glück war ich kein Findelkind. Zum Glück war 2307 das Findelkind, und ich konnte immer noch hoffen, daß auch das Findelkind 2307 eher hohe und krumme als platte und fleischige Füße hatte. Nachdem die Eltern im Warteraum wieder Platz genommen hatten, wurde ich in Professor Liebstedts Behandlungsraum gerufen. Der Professor saß hinter seinem Schreibtisch und rauchte. Diesmal blätterte er aber nicht in seinen Unterlagen, sondern blickte regungslos durch das geöffnete Fenster in den noch immer hellen Nachmittag. Vor seinem Gesicht kräuselten sich die Rauchfahnen, und durch den Rauch hindurch sah ich, daß die goldene Fassung seiner Brille von einem Sonnenstrahl getroffen wurde und kleine Lichtpunkte an die Decke des Behandlungszimmers warf. Ich hob den Kopf, um die Lichtpunkte zu betrachten, und mußte feststellen, daß die Decke anscheinend schon viele Jahre nicht mehr gestrichen worden war und daß sich der alte und graubraun gewordene Anstrich in großen Lappen von der Decke gelöst hatte. Einige dieser Lappen schienen nur noch an einem Faden zu hängen und drohten dem Professor über kurz oder lang auf den Kopf zu fallen. Außerdem entdeckte ich ein halbes Dutzend Löcher in der Decke, die wie kleine Krater aussahen und mich an Einschußlöcher erinnerten, obwohl ich noch niemals zuvor Einschußlöcher gesehen hatte. »Das sind Einschußlöcher«, sagte der Professor plötzlich, der inzwischen nicht mehr aus dem Fenster schaute, sondern mir dabei zusah, wie ich an die Decke schaute. »Vom Krieg«, ergänzte er, »aber das tut nichts zur Sache.« Dann erhob er sich von seinem Stuhl, ging auf mich zu, tätschelte mir den Hinterkopf, sagte, daß der Laden mal renoviert werden müsse, sagte dann, daß ich anscheinend ein aufgewecktes Kerlchen sei, vielleicht ein wenig zuviel Babyspeck am Leibe habe, wie er von seiner Laborantin wisse, was man aber auch so sehen könne. Er tätschelte mir noch immer den Hinterkopf, wobei sich sein Tätscheln allmählich in eine Art Abgreifen des Hinterkopfes verwandelte, so daß er mich am Ende nicht mehr tätschelte, sondern seine Fingerkuppen einerseits stark gegen meine Schädeldecke drückte und zugleich mit dem Daumen Höcker und Erhebungen auf meinem Kopf betastete. Mir wurde ein wenig schwindlig unter der Hand des Professors, zumal sein Griff weitaus kräftiger war, als der eher schmächtige Mann vermuten ließ. Mit einer Hand betastete er meinen Kopf, mit der anderen rauchte er. Schließlich drückte er die Zigarette aus und begann nun, meinen Schädel mit beiden Händen zu betasten. Hatte ich vorher nie das Gefühl gehabt, Schädelhöcker und Schädelerhebungen zu besitzen, so hatte ich nun das Gefühl, daß mein Schädel aus nichts anderem als aus Höckern und Erhebungen bestand. Je länger der Professor tastete, desto mehr Höcker und Erhebungen hatte mein Kopf, und je länger er tastete, desto mehr schämte ich mich für diese Höcker und Erhebungen. Und ganz wie am Vormittag während der Körperbauuntersuchung begann ich vor Scham und Verlegenheit zu glühen und zu schwitzen. Nur schwitzte ich diesmal nicht am Bauch und auf der Brust, sondern auf dem Kopf. Und je mehr ich auf dem Kopf schwitzte, um so mehr schämte ich mich dafür, daß der Professor meinen nassen und verschwitzten Kopf unter seinen Händen hatte. Der aber ließ sich nichts anmerken. Er beendete das Abtasten des Kopfes, wusch sich kommentarlos die Hände, trocknete sich ab, machte sich einige Notizen und begann dann mit dem Vermessen des Kopfes. Hierzu nahm er eine hölzerne Zange, die, ganz ähnlich wie die Bauchfettzange, mit einer Zahlenskala versehen war, sich aber sehr viel weiter öffnen ließ. Er setzte die Zange einmal von vorn und einmal von der Seite an, notierte die Werte und griff dann zu einem anderen Instrument, das an eine Schraubzwinge erinnerte und mit dem er das ermittelte, was er die relative ⌜Kieferwinkelbreite⌝ nannte. »Die relative Kieferwinkelbreite«, sagte der Professor, während er meinen Oberkiefer zwischen die Schraubzwingen spannte, »kann über alles entscheiden. Wenn die relative Kieferwinkelbreite übereinstimmt, dann stimmen sehr oft auch Stirnbreite, Jochbeinbreite, Ohrbreite und Nasenbreite, ja manchmal sogar die Nasenrückenlänge überein.« Es schmeichelte mir, daß der Professor mich in seine Berufsgeheimnisse einweihte, sagte aber nichts, sondern konzentrierte mich ganz auf den Schmerz, den die beiden Schrauben verursachten, mit denen die Schraubzwinge an meinem Kiefer befestigt war. Ich begriff von den Bemerkungen des Professors vor allem so viel, daß jetzt auch noch Stirnbreite, Jochbeinbreite, Nasenbreite und Ohrbreite zu vermessen waren. Glücklicherweise wurde die Schraubzwinge nur noch bei der Stirnbreite und der Jochbeinbreite eingesetzt, während Nase und Ohren sowohl mit einem elastischen Meßband als auch mit einem zirkelähnlichen Gerät ermittelt wurden. Das zirkelähnliche Gerät war allerdings statt mit einer Metallspitze mit zwei Gumminoppen versehen, so daß es ganz schmerzlos auf die Haut aufgesetzt werden konnte. Die Nasen- und Ohrenvermessung verlief denn auch völlig schmerzfrei und dauerte nur wenige Minuten. Nach getaner Arbeit entließ der Professor mich in den Warteraum, wo die Eltern, schon fertig mit Hut und Mantel bekleidet, auf mich warteten. Während wir das Institut verließen, erzählte ich den Eltern, wie schmerzhaft die an meinem Kiefer befestigte Schraubzwinge gewesen sei, worauf sie aber nicht reagierten. Ich wäre gern ein wenig bedauert worden, aber niemand bedauerte mich. Erst als ich hinzufügte, daß mich der Professor mit einem Zirkel ins Gesicht gestochen habe, bekam die Mutter einen Schreck und untersuchte mein Gesicht auf Verletzungen oder Blutspuren. Natürlich verlief die Untersuchung negativ, so daß mir nichts anderes übrigblieb, als den Eltern zu erzählen, daß im Untersuchungsraum des Professors geschossen worden sei. Auch diese Bemerkung rief keine Wirkung hervor, lediglich der Vater zischte ein »Genug jetzt!« Ich schwieg und folgte den Eltern, die den Rest des Tages für eine Stadtbesichtigung nutzen wollten. Da sich das Laboratorium auf dem nördlichen Flußufer befand, gingen wir über eine Brücke, von der die Mutter sagte, daß die Brücke sich durch besondere Schwingungen auszeichne. Diese Information entnahm sie einem Stadtprospekt, den sie von unserer Pensionswirtin erhalten hatte. Bei der Brücke handelte es sich um eine massive Steinbrücke, die aus großen, schon ein wenig verwitterten und bräunlich verfärbten Quadern erbaut war und die so gut wie gar nicht schwang. Auf dem Scheitelpunkt der Brücke blieben wir stehen und schauten auf den Fluß. Während ich noch immer den Schwingungen der Brücke nachhorchte, sah ich, wie der Vater seinen Arm um die Schultern der Mutter legte und wie diese ein wenig den Kopf neigte, so daß ihre rechte Wange die Schulter des Vaters berührte. Ich hatte zuvor noch nie gesehen, daß die Mutter ihren Kopf auf diese Weise neigte, und aus irgendeinem Grund machte mich das traurig. Ich vertrieb meine Traurigkeit damit, daß ich einige Male in die Luft sprang und möglichst hart wieder aufsetzte, um die Brücke doch noch in Schwingungen zu versetzen. Ich hätte in diesem Moment auch nichts dagegen gehabt, wenn die Brücke eingestürzt wäre. Doch sie stürzte nicht ein. Sie schwang nicht einmal. Nicht die geringste Bewegung war zu spüren. Die Eltern achteten nicht auf mein Treiben und setzten ihren Weg fort. Am Ende der Brücke blieben sie stehen und betrachteten ein Denkmal, bei dem es sich laut Stadtprospekt um das Standbild eines gewissen ⌜Karl Theodor⌝ handelte, der auch der Vater der Pfalz genannt wurde und dessen Sockel die Flußgötter Rhein, Donau, Mosel und Isar umlagerten. Ich studierte die Flußgötter genauer und hätte nicht wenig Lust gehabt, bei dem nackt dahingelagerten Flußgott Rhein einmal die Bauchfettzange anzusetzen, um den Rohrerindex zu bestimmen. Seltsamerweise hatte der Flußgott eine tiefe Rinne auf der Nase, die über das gesamte Nasenbein bis zur Nasenspitze führte, und es kam mir vor, als ob jemand die Nasenbeinlänge des Gottes gemessen und dabei das falsche Instrument benutzt hatte. Ich schätzte das Nasenbein auf ungefähr zwanzig Zentimeter, was ziemlich viel war, und beeilte mich, die Eltern einzuholen, die sich nicht für die Flußgötter interessiert hatten und vorausgegangen waren. »Der Rhein hat eine Rinne auf der Nase«, berichtete ich den Eltern. Als sie nicht reagierten, fügte ich noch hinzu, daß das Nasenbein des Rheins ungefähr zwanzig Zentimeter lang sei. Die Eltern sagten noch immer nichts und bogen in eine Gasse ein, die zum Schloß führte. Ich machte mir einen Spaß daraus, die Gasse im Zickzack hinaufzulaufen, schloß aber zwischendurch immer wieder dicht zu den Eltern auf und ging dann so nahe hinter ihnen, daß sie mich, wenn sie sich umschauten, nicht sehen konnten. Während ich mich so in ihrem Windschatten versteckt hielt, hörte ich, wie die Mutter zum Vater sagte, daß es auch für »ihn«, womit sie mich meinte, nicht immer einfach sei, worauf der Vater sagte, daß es für alle nicht einfach sei, aber für »ihn«, womit er mich meinte, sei es noch am einfachsten. Ich hatte genug gehört und nahm meinen Zickzackkurs wieder auf, so daß ich am Ende ungefähr die dreifache Strecke zurückgelegt hatte und dementsprechend außer Atem war. An die Schloßbesichtigung kann ich mich nur noch schwach erinnern, denn mir gingen die ganze Zeit die Worte des Vaters durch den Kopf. War ich, was mich betrifft, immer davon ausgegangen, daß ich es am schwersten hatte, so ging der Vater davon aus, daß ich es am einfachsten hatte. Ich hatte es aber nicht am einfachsten. Wenn es einer am einfachsten hatte, dann hatte es Arnold am einfachsten. Er brauchte nicht aufzuräumen, er brauchte keine Hausaufgaben zu machen, er brauchte kein gescheites Kerlchen zu sein, und die Eltern sorgten sich trotzdem beständig um ihn. Wenn die Mutter traurig war, dann war sie wegen Arnold traurig. Wenn der Vater nach Heidelberg fuhr, dann fuhr er wegen Arnold nach Heidelberg. Und wenn wir jetzt das Schloß besuchten, dann taten wir auch dies nur wegen Arnold. Bei dem Schloß handelte es sich um eine Ruine, die der Vater sofort als Kriegsruine identifizierte. »Das war aber keine Bombe«, sagte die Mutter, die inzwischen den Stadtprospekt studiert hatte, »das waren Kanonenkugeln.« »Krieg ist Krieg«, sagte der Vater, der sich nun mit der Schloßruine nicht weiter beschäftigen wollte und den Rückweg anstrebte. Erst in der Pension stellte die Mutter fest, daß wir den Weinkeller des Schlosses verpaßt hatten und ein besonders großes Faß, das in diesem Weinkeller ausgestellt sei. »Das nächste Mal«, sagte der Vater, doch wir wußten alle, daß es kein nächstes Mal geben würde. Die Eltern waren noch niemals verreist, und auch ich war noch niemals verreist gewesen. Die Reise nach Heidelberg, die insgesamt drei Tage dauern sollte, war die einzige längere Reise, die ich jemals mit den Eltern gemacht hatte. Die Eltern reisten nicht. Wegen des Geschäftes, behaupteten sie. Doch in

Wahrheit reisten sie nicht wegen der Flucht. Zwar war die Flucht keine Reise gewesen, doch alles Reisen schien sie an die Flucht zu erinnern. Ein Bauer aus Rakowiec verläßt sein Haus nicht freiwillig. Wer sein Haus verläßt, der versündigt sich. Wer sein Haus verläßt, dem lauern die Russen auf. Wer sein Haus verläßt, dem wird sein Haus geplündert und zerstört. Wir würden am nächsten Tag die Rückfahrt antreten und das große Faß niemals mehr sehen, dessen war ich mir sicher. Wir würden auch die Brücke mit den Flußgöttern kein weiteres Mal überqueren. Bevor wir die Rückreise antraten, suchten wir noch einmal das Gerichtsanthropologische Laboratorium auf, um die Ergebnisse der Fußuntersuchungen zu erfahren. Die Ergebnisse der Kopf- und Körperbauuntersuchungen sollten uns später schriftlich mitgeteilt werden. Diesmal waren wir pünktlich, wurden aber nicht von der Laborantin empfangen, sondern von Professor Liebstedt persönlich. Er führte uns in den Untersuchungsraum, wo bereits drei Stühle vor seinem Schreibtisch standen. Wir setzten uns, der Professor setzte sich ebenfalls, nahm das lederbezogene Zigarettenetui zur Hand, besann sich aber eines Besseren, legte es wieder fort, öffnete eine Mappe mit Unterlagen und sagte, daß die Fußvergleiche gar nicht so schlecht seien. Allerdings, so der Professor, zeigten sich bei der Mutter, wobei er den Vater anblickte, zugespitzte, weit außen liegende ⌜Mittelfußmuster⌝, außerdem wiesen ihre Großzehenballen eine stark aufgelöste und gutentwickelte Längsschleife auf, während die Großzehenballen des Vaters einen ⌜großscheibigen Wirbel und einen kleinen Wirbelkern zeigten. Der eheliche Sohn hingegen, womit er mich meinte und nun die Mutter anblickte, zeige Spiralwirbel⌝ und habe keinen ⌜Triradius⌝. Das Findelkind 2307 habe ebenfalls keinen Triradius, die Eltern aber hätten beide einen. Aus den Bemerkungen des Professors schloß ich, daß meine Füße zu den Füßen des Findelkindes 2307 paßten, aber nicht zu den

Füßen der Eltern. Ich hatte keinen Triradius, das Findelkind hatte keinen Triradius, was auch immer ein Triradius sein mochte. Aber ich paßte auch zu Arnold beziehungsweise zu Arnolds Photo, woraus ich schließen mußte, daß der Kreis sich um mich, Arnold und das Findelkind 2307 immer enger schloß. Wenn ich zu Arnold und zum Findelkind paßte, dann paßten auch Arnold und das Findelkind zueinander. Wenn aber Arnold und das Findelkind paßten, dann hatten wir bald einen Esser mehr im Haus. Nun kam alles darauf an, wie der Fußvergleich zwischen dem Findelkind und dem Vater ausgefallen war. Der Fußvergleich war für das Findelkind und den Vater positiv ausgefallen. Das Findelkind habe, so der Professor, ebenso wie der Vater einen großscheibigen Wirbel auf den Großzehenballen. Außerdem habe der Vater nicht nur einen breiten Fuß, sondern auch deutliche und breite Mittelfußmuster, was mit den breiten Füßen des Findelkindes 2307 und dessen breiten Mittelfußmustern übereinstimme. Glück für 2307, dachte ich, Vaters rechter Fuß paßt zu seinen Füßen. Für einen kurzen Moment bedauerte ich, daß ich die Laborantin nicht doch auf die unterschiedlichen Füße des Vaters aufmerksam gemacht hatte. Nun war es zu spät. Die Eltern waren erfreut über die positiven Resultate, die Mutter hatte während der Ausführungen des Professors die Hand des Vaters ergriffen und einige Male fest gedrückt. Nun wollten sie nur noch wissen, wie das abschließende Ergebnis der Fußuntersuchungen sei, denn auch die Eltern konnten sich nicht allzuviel unter Großzehenschleifen und großscheibigen Wirbeln vorstellen. »Herr Freiherr«, sagte der Vater, »was heißt das nun?« »Das heißt«, so der Professor, »daß eine Verwandtschaft mit dem Findelkind keinesfalls auszuschließen ist.« »Allerdings«, fuhr er fort, »läßt sich aus den Fußuntersuchungen eine Verwandtschaft auch nicht eindeutig ableiten.« Er machte eine Pause, zündete sich eine Zigarette an, nahm einen tiefen Zug und sagte dann mit einem leichten Lächeln, noch während er den Rauch ausatmete: »Unentschieden sozusagen.« Dann stand er auf, und noch ehe der Vater oder die Mutter auch nur ein Wort sagen konnten, gab er den Eltern und mir die Hand, kündigte die baldige Zusendung der noch ausstehenden Ergebnisse an, wünschte eine gute Heimreise, geleitete uns zur Tür und rief den Eltern nochmals und wie zum Trost in das Treppenhaus nach: »Mehr wissen wir, wenn wir die Kopf- und Körperbaumerkmale ausgewertet haben.« Während der Heimfahrt sprachen die Eltern nur wenig miteinander, und je länger die Fahrt andauerte, um so mehr wurde ihnen bewußt, daß sie keinen Schritt weitergekommen waren. Kurz bevor wir die Autobahn verließen, um das letzte Stück auf der Landstraße zurückzulegen, übermannte den Vater eine Art Tobsuchtsanfall, der dazu führte, daß er Schmerzen in der Brust bekam und den Wagen anhalten mußte. Statt seiner setzte sich die Mutter ans Steuer und versuchte zugleich den Vater zu beruhigen, der sich trotz seiner Brustschmerzen weiter über die, wie er meinte, gänzlich überflüssige Fahrt nach Heidelberg empörte. »Unentschieden«, schimpfte er vor sich hin, »sozusagen unentschieden.« Pure Zeitverschwendung sei das gewesen, Zeitverschwendung und Geldverschwendung. Der Vater hörte mit dem Schimpfen erst auf, als die Mutter in die Hofeinfahrt einbog und augenblicklich bremsen mußte, denn dort stand der grüne Volkswagen von Herrn Rudolph, dem Revierpolizisten. Herr Rudolph eröffnete den Eltern, daß in der letzten Nacht das Kühlhaus aufgebrochen und ausgeraubt worden sei. Fast der gesamte Fleisch- und Wurstvorrat sei entwendet worden, außerdem hätten die Diebe die Kühlung ausgeschaltet, so daß alles, was nicht gestohlen worden sei, Schaden genommen habe und möglicherweise verdorben sei. Während die Mutter einigermaßen gefaßt blieb und sagte, daß gleich morgen die Versicherung wegen der Schadensaufnahme informiert werden müsse, erbleichte der Vater, griff sich ein weiteres Mal an die Brust und wäre augenblicklich in sich zusammengesunken, hätte ihn Herr Rudolph nicht gerade noch aufgefangen. Er und die Mutter brachten den Vater ins Haus und verständigten den Notarzt, der eine Kreislaufschwäche diagnostizierte, dem Vater eine Spritze gab und Bettruhe verordnete. Genau anderthalb Stunden hielt der Vater die Bettruhe ein, dann erschien er, mit einem Bademantel bekleidet, in der Küche, wo die Mutter das Abendessen für uns und auch für Herrn Rudolph zubereitete, und gestand der Mutter, daß die Kühlhausware nicht versichert sei. Die Versicherung trete erst zum nächsten Ersten in Kraft, er habe sie ein wenig hinausgeschoben, um die Prämie zu sparen. Jahrelang habe er allen möglichen Versicherungen Geld in den Rachen geworfen, und noch nie habe er sie in Anspruch nehmen müssen. Und nun dies. Er setzte sich, war erneut schweißüberströmt und schnappte nach Luft. Die Mutter wußte sich keinen anderen Rat, als erneut den Notarzt anzurufen, der nun sehr besorgt schien und den Vater vom Rettungsdienst ins Krankenhaus bringen ließ. Die Mutter begleitete den Vater ins Krankenhaus, Herr Rudolph versprach ihr, sich um mich zu kümmern und auch darauf zu achten, daß ich nicht zu lange aufblieb. Es freute mich, daß sich der Mann in der grünen Uniform um mich kümmern wollte. Zwar war er Polizist, doch er war ein weitaus freundlicherer Mensch als der Vater. Herr Rudolph unterhielt sich mit mir wie mit einem Erwachsenen, und wenn ich es wünschte, dann erklärte er mir sein Funkgerät und zeigte mir die Dienstpistole, die er in einer am Gürtel befestigten Ledertasche mit sich trug. Der Vater unterhielt sich nicht mit mir, und er hätte mir auch niemals das Funkgerät erklärt oder die Dienstpistole gezeigt. Und er hätte auch niemals, wie Herr Rudolph das nun tat, den Tisch gedeckt und mit mir allein zu Abend gegessen. Nachdem wir die von der Mutter vorbereiteten Rühreier verzehrt hatten, fragte ich Herrn Rudolph über den Einbruch im Kühlhaus aus. Sie hätten noch keinen Hinweis, sagte er, aber die Kriminalpolizei sei bereits morgens am Tatort gewesen und habe die Spuren gesichert. Sie hätten Fingerabdrücke gefunden, aber natürlich könnten diese Fingerabdrücke auch von den Fahrern oder den Eltern oder auch von mir sein. »Auch von mir?« Ich bekam einen Schrecken und bildete mir plötzlich ein, der Täter zu sein. Ich fühlte mich schuldig, obwohl ich wußte, daß das völlig unsinnig war. Und trotzdem sagte eine Stimme in mir: »Ich habe das Kühlhaus aufgebrochen.« Ich hatte ja auch die steinerne Brücke in Heidelberg zum Einsturz bringen wollen. Die Brücke war nicht eingestürzt. Und ich hatte auch das Kühlhaus nicht aufgebrochen. Und doch hoffte ich, daß meine Fingerabdrücke nicht an der Kühlhaustür waren. Ob sie auch Fußabdrücke gefunden hätten, wollte ich wissen. Seines Wissens nicht, sagte Herr Rudolph. Er glaube auch nicht, daß auf dem Asphaltboden überhaupt nach Fußabdrücken gesucht worden sei. Darauf erklärte ich ihm, daß man Fußabdrücke am besten mit feuchten gipsgetränkten Tüchern herstelle. Daß man dies zumindest in Heidelberg so mache. Herr Rudolph hörte mir aufmerksam zu, so daß ich ihm auch von den Füßen auf dem Schreibtisch der Laborantin erzählte, von den Einschußlöchern im Zimmer des Professors, vom Leichenwagenfahrer und den Menschenknöchelchen, und ich erzählte so lange, bis ich beinahe vor Müdigkeit vom Stuhl gerutscht wäre. Ich ging zu Bett und erfuhr am nächsten Morgen, daß der Vater keine Kreislaufschwäche, sondern zwei Herzinfarkte erlitten hatte und auf der Intensivstation lag. Die Mutter hielt sich ebenfalls im Krankenhaus auf und kam nur nach Hause, um mich mit Essen zu versorgen. Abends bereitete sie wie schon am Abend zuvor Rühreier zu und kehrte ins Krankenhaus zurück. Kurz bevor ich zu Bett gehen wollte, kam Herr Rudolph und sagte, daß er mich ins Krankenhaus bringe, dem Vater gehe es nicht gut. Ich fuhr im Polizeiwagen ins Krankenhaus und wußte nicht, ob ich lieber Verbrecher oder Polizist sein wollte. Herr Rudolph brachte mich bis an die Tür von Vaters Krankenzimmer, das ich ohne ihn betrat. Der Kranke lag unter einem Gewirr von Schnüren und Leitungen auf dem Bett, die Mutter saß stumm daneben. Als ich mich über ihn beugte, blickte er mich mit trüben, gelblich-wäßrigen Augen an, ohne mich zu erkennen. Es war warm im Zimmer, es roch nach Schweiß, nach Medikamenten und Desinfektionsmitteln, und noch ehe ich auch nur ein Wort mit der Mutter wechseln konnte, wurde mir übel, und ich mußte das Zimmer verlassen. Die Mutter rief nach einer Krankenschwester, die mir eine bitter schmeckende Flüssigkeit zu trinken gab. Herr Rudolph brachte mich nach Hause. Er setzte mich vor der Haustür ab und wollte wieder ins Krankenhaus fahren. Ich ging allein zu Bett und wurde gegen zwei Uhr morgens von einem ernst und bleich aussehenden Herrn Rudolph mit den Worten geweckt, daß der Vater gestorben sei. Dann legte er eine Bibel auf den Nachttisch, sagte, daß ich darin lesen solle, er müsse sich wieder um die Mutter kümmern. Ich nahm die Bibel zur Hand, die schwer wie ein Stein war, und ich habe sie nicht nur wegen Herrn Rudolph genommen, sondern auch wegen dem Vater. Es war das erste und einzige Mal, daß ich freiwillig und allein in der Bibel las. Doch die Bibel war ein dickes Buch, mit Hunderten von Seiten, und ich wußte nicht, wo ich anfangen sollte und wo aufhören. Aber ich wollte ein guter Sohn sein, und ich wagte es nicht, die Bibel aus der Hand zu legen. Ich schlug die Seite auf, die mit den Worten überschrieben war: »Wo finde ich was?« Ich suchte das Wort Tod. Ich fand das Wort Tod, ohne lange suchen zu müssen. Die Bibel war voller Tod, eine endlose Liste von Stellen verwies auf den Tod. Es gab den körperlichen Tod und den geistigen Tod, es gab die Überwindung des Todes und den ewigen Tod. Es gab das Totenreich und das Tote Meer. Am meisten interessierte mich das Tote Meer, das ich auf einer Landkarte ganz am Ende der Bibel entdeckte. Das Tote Meer war dunkelgrün, während das Mittelmeer hellblau war. Ich lag auf dem dunkelgrünen Wasser des Toten Meeres. Ich brauchte mich nicht zu bewegen, die Wellen trugen mich, die Wellen schaukelten mich, ich hatte ein warmes Gefühl in den Adern, ich schloß die Augen und schlief. Als ich am nächsten Morgen die Küche betrat, umarmte mich die Mutter, in Tränen aufgelöst und ganz in Schwarz gekleidet. Ihre Umarmung machte mich ebenso verlegen wie ihre schwarze Kleidung. Ich brauchte einige Zeit, um mich an das zu erinnern, was geschehen war. Glücklicherweise füllte sich das Haus zusehends mit Nachbarn, Bekannten und Verwandten, die der Mutter und mir ihr Beileid aussprachen und sich sogleich anboten, die Formalitäten zu erledigen. So waren wir in den nächsten Tagen niemals gänzlich allein, und die plötzliche Stille, die die Abwesenheit des Vaters verursachte, wurde ein wenig gemildert. Der Tag der Beerdigung rückte näher, und die Mutter schwankte zwischen hektischen Aktivitäten und stillem, verzweifeltem Weinen. Ihre schwarze Kleidung verwirrte mich noch immer, aber noch mehr verwirrte mich eine schwarze Binde, die mir die Mutter über den Arm streifte und die ich von nun an tragen mußte. Auch in der Schule. Keiner meiner Klassenkameraden hatte eine solche Binde, auch keiner der Lehrer. Ich schämte mich der schwarzen Binde, ich trug sie wie einen Makel, und ich hatte das Gefühl, daß die Schulkameraden eine gewisse Scheu vor mir zeigten, mich nicht mehr wie vorher in ihre Spiele, Hänseleien und Raufereien einbezogen. Die Schulkameraden mieden mich, ich hatte den Tod am Arm, der Tod war eine Krankheit, er war ansteckend, und keiner wollte sich an mir infizieren. Während die Mutter ihre schwarze Kleidung ein ganzes Jahr trug, durfte ich die schwarze Binde nach der Beerdigung des Vaters wieder abnehmen, so daß der Tag der Beerdigung auch ein schöner Tag für mich war. Doch vorher galt es noch einmal Abschied zu nehmen. Der Vater lag aufgebahrt in einem Kellerraum der Friedhofskapelle, wo ihn die Mutter und ich ein letztes Mal anschauen konnten. Wir stiegen in die schwarze Limousine, fuhren zur Kapelle, und ein Mann in Gummistiefeln und einer grünen Schürze führte uns zu ihm. Die Mutter warf sich über den Toten, der auf einem steinernen Podest in seinem Sarg lag, herzte und küßte ihn und sprach dann an seiner Seite ein langes und für mich unhörbares Gebet. Ich blieb in einigem Abstand, ich fröstelte in dem weißgekalkten Raum und wartete auf den Tag, an dem ich die schwarze Binde nicht mehr zu tragen brauchte. Ich sah das vergitterte Kellerfenster, das sich knapp über der Erde befand und nur wenig Licht hereinließ. Ich dachte an den Mann in den Gummistiefeln und der grünen Schürze. Ich sah den Vater, der unter einem weißen Leichentuch lag und immer noch zu atmen schien, denn das weiße Tuch senkte und hob sich vor meinen Augen. Ich erklärte mir die atmende Bewegung des Vaters als eine Täuschung, die wohl dadurch zustande kam, daß ich noch niemals einen Menschen gesehen hatte, der nicht atmete, und gewissermaßen darauf festgelegt war, einen Menschen immer als atmenden Menschen zu sehen. Zugleich wurde mir bewußt, daß ich den Vater zu Lebzeiten nie als einen Menschen wahrgenommen hatte, dessen Brust und Bauchdecke sich unaufhörlich hob und senkte. Und jetzt, wo er tot war und nicht mehr atmete, konnte ich nichts anderes sehen als einen unaufhörlich atmenden Vater. Wenn ich noch länger bei dem toten Vater geblieben wäre, ein paar Stunden oder einen ganzen Tag, dann hätte ich es gewiß auch gelernt, den toten Vater als nicht atmenden und gänzlich toten Menschen zu sehen. So aber gelang es mir nicht, zumal die weiße Binde, die man ihm um den Kopf und unter das Kinn gebunden hatte, mehr auf einen verletzten als auf einen wirklich toten Menschen schließen ließ. Doch wegen eines verletzten Menschen hätte ich keine schwarze Binde zu tragen brauchen. Bevor wir die Kapelle verließen, warf sich die Mutter ein zweites Mal über den Vater, küßte und herzte ihn noch zärtlicher als zuvor und auf eine so innige Weise, daß ich daran denken mußte, wie sie beide auf der alten Heidelberger Brücke gestanden hatten. Die Mutter streichelte die Wangen des Vaters, sie berührte die weiße Binde, die man ihm um den Kopf gebunden hatte, sie streichelte über sein Haar und drückte schließlich seine verwitterten, nun ein wenig fahl gewordenen Hände. Plötzlich hörten wir ein Räuspern, die Mutter erschrak, und auch ich erschrak, in der Tür stand der Mann mit der Schürze und den Gummistiefeln, er hatte anscheinend schon längere Zeit dort gestanden. »Wir schließen«, sagte er. Er hielt ein Schlüsselbund in der Hand und führte uns bis an die eiserne Tür, von der aus man auf den Friedhof gelangte. Am nächsten Tag fuhren wir in dem frisch polierten Admiral, der nun ein böse grinsender Totenwagen war, zur Beerdigung des Vaters, wo ich mit Überraschung erlebte, wie viele Menschen ihm die letzte Ehre erwiesen. Neben den Nachbarn und Verwandten waren auch die Vertreter der Fleischerinnung, des Vertriebenenverbandes, des Schützenvereins, der Industrie- und Handelskammer und der Kirchengemeinde erschienen und zeigten mir, daß der Vater ein hochgeachteter Mann war. Alle hörten sie der Trauerrede des Pfarrers zu, die mit Orgelmusik und den kurzen, kalten Schlägen der Totenglocke ausklang. Die Mutter und ich verließen die Friedhofskapelle noch vor den anderen und folgten sechs schwarzen Männern in Frack und Zylinder, unter denen ich auch den Mann mit der grünen Schürze wiedererkannte. Die Männer trugen den Sarg an die Grabstelle und ließen ihn mit Hilfe von drei dicken Tauen in die Erde hinab. Eine Blaskapelle intonierte* einen Trauermarsch, stimmte … an der Pfarrer sprach das Gebet, die Schützen senkten ihre schwere Schützenfahne über den Sarg, und schließlich gingen zuerst die Mutter und dann ich an das offene Grab, um eine Schaufel voll Erde auf den Sarg zu werfen. Als ich mit der Schaufel in der Hand auf das massive Eichenholz blickte, unter dem der Vater lag, hatte ich das Gefühl, ihm einen letzten Stoß versetzen zu müssen. Ich drehte die Schaufel ein wenig und ließ die Erde am Rand des Sarges vorbeirieseln. Ich wollte den Vater nicht mit Erde bewerfen. Ich wollte sein guter und trauriger Sohn sein, und ich dachte daran, daß ich wohl unter dem Tod des Vaters litt, aber nicht spürte, daß ich litt, und daß ich, sobald der Sarg mit Erde bedeckt war, die schwarze Binde von meinem Arm nehmen durfte.

Die Mutter hatte vom Tag der Beerdigung an die Geschäfte des Vaters weitergeführt. Sie war nun genauso streng, wie der Vater einst gewesen war. Die Fahrer nannten sie Chefin, die Lieferanten hatten Respekt vor ihr, die Kundschaft verehrte sie, und niemand bemerkte, wie sehr sie unter allem, was geschehen war, litt. Erst abends, nachdem die Fahrer den Hof verlassen hatten und der große Scheinwerfer angestellt wurde, der seit dem Einbruch das Kühlhaus jede Nacht in ein gleißendes Licht tauchte, kam die Mutter zu sich. Doch wenn die Mutter zu sich kam, dann war sie keine Chefin mehr, sondern eine Frau, die in einem Nebel von Traurigkeit verschwand. Sie versorgte mich, aber sie schien mich nicht wahrzunehmen, und wenn sie mich wahrnahm, dann war es, als erblickte sie in mir nicht mich, sondern jemand anderen. Oft kam es vor, daß sie mich anschaute und daß sie dabei eine Rührung überkam. Sie schaute mich an, ihr Blick verlor sich in meinem Gesicht, und während sich ihr Blick in meinem Gesicht verlor, schien ihr eigenes Gesicht zu verschwimmen und sich aufzulösen. Mich peinigten diese Momente, ich rührte die

Mutter, aber ich wollte sie nicht rühren. Niemand sonst reagierte bei meinem Anblick auf diese Weise. Ich war ein zu dick geratener pubertierender Knabe, mit einem seit dem Tod des Vaters nicht mehr geschnittenen, ehemals knappen Fassonschnitt. Ich hatte nichts an mir, was irgendwie anrührend gewesen wäre. Die meisten Menschen übersahen mich, und die, die mich nicht übersahen, rieten mir, zum Friseur zu gehen, weniger zu essen und mehr Sport zu treiben. Nur die Mutter rührte mein Anblick so sehr, daß sich ihr Gesicht fast aufzulösen schien, wenn sie meines betrachtete. Die gerührte und aufgelöste Mutter machte mich böse und ärgerte mich. Ich spürte, daß sie in mir etwas erblickte, was sie verloren hatte. Ich erinnerte sie an den Vater. Und ich erinnerte sie auch an Arnold. Aber ich konnte ihr Arnold nicht ersetzen. Wäre es nach mir gegangen, dann hätte ich ihr Arnold ohne weiteres ersetzt. Essen konnte ich für zwei. Fernsehen auch. Schlechte Noten brachte ich ebenfalls in ausreichendem Maße nach Hause. Dazu brauchte es keinen Arnold. Aber ich genügte ihr nicht. Ich war nur das, was sie nicht hatte. Ich war der Finger in der Wunde, das Salzkorn im Auge, der Stein auf dem Herzen. Ich war im wahrsten Sinne des Wortes zum Heulen, doch begriff ich erst viel später, warum das so war. Damals bemerkte ich nur, daß sich der Mutter bei meinem Anblick ein tiefer Schmerz auf das Gesicht legte und daß ich diesen Schmerz ebenso zu hassen begann wie mein eigenes Spiegelbild. Ich wurde das, was man einen schwierigen Jungen nennt, undankbar, widerborstig und ständig gereizt, der der Mutter besonders dann zusetzte, wenn es ihr schlecht ging. Glücklicherweise kümmerte sich Herr Rudolph weiter um die Mutter und auch um mich. Herr Rudolph ging einfühlsam mit den Schmerzen der Mutter um, und zugleich nahm er mir meine Boshaftigkeit nicht übel. Herr Rudolph erwirkte bei der Mutter die Erlaubnis, daß ich eine Langhaarfrisur tragen durfte. Dafür versprach ich ihm, der Mutter gegenüber weniger gereizt zu sein. Außerdem half er der Mutter bei Behördengängen und allen möglichen Formalitäten – und er schenkte ihr Operettenplatten. Die Mutter hatte bis zum Tod des Vaters niemals Operettenplatten gehört. Ein Bauer aus Rakowiec hört keine Operetten. Ein Bauer aus Rakowiec hört das Vieh im Stall, den Wind auf den Feldern und das Läuten der Kirchenglocken. Erst mit Herrn Rudolph konnte sie sich ihrer Liebe zum »Land des Lächelns« und zum »Zigeunerbaron« widmen. Wenn die Mutter mit Herrn Rudolph Operetten hörte, dann tat sie dies an Sonntagnachmittagen und niemals hinter verschlossenen Türen. Ich durfte immer das von Musik erfüllte Wohnzimmer betreten, und ich sah niemals, daß es zwischen beiden zu irgendeiner Intimität gekommen ist. Herr Rudolph saß im Sessel vor einer Tasse Kaffee und einem Stück Kuchen und lauschte der Musik. Die Mutter saß auf dem Sofa und lauschte ebenfalls. Ich aß meinen Kuchen und lief durchs Haus, und immer wenn ich in das Wohnzimmer zurückkehrte, saßen beide dort wie zuvor. Nur ein einziges Mal hatte ich gesehen, daß die Mutter Tränen in den Augen hatte und daß Herr Rudolph gerade dabei war, ihr ein Taschentuch zu reichen, es aber schnell wieder zurückzog, als ich den Raum betrat. Ich wußte nicht, was vorgefallen war, aber ich bemerkte, daß Herr Rudolph nun auch während der Woche öfter als zuvor die Mutter aufsuchte, um ihr bei irgendwelchen schriftlichen Vorgängen zu helfen. Eines Tages eröffnete sie mir, daß Herr Rudolph sich angeboten habe, sie bei der weiteren Suche nach Arnold zu unterstützen, wofür sie sehr dankbar sei. Noch immer stünden die Ergebnisse der Kopf- und Körperbauuntersuchungen aus, und sie habe trotz eines Mahnschreibens noch immer keine Antwort erhalten. Nun habe Herr Rudolph sich von Amts wegen eingeschaltet, und man habe ihm sogleich mitgeteilt, daß die Untersuchungsergebnisse in der Tat noch nicht abgeschickt worden seien, aber umgehend zugesandt würden. Es dauerte nur wenige Tage, bis die Mutter den Brief des Freiherrn von Liebstedt in Händen hielt, dem ein umfangreiches Schreiben beigefügt war, welches die Überschrift »Anthropologisch-erbbiologisches Abstammungsgutachten betr. Findelkind 2307« trug. Die Mutter bat Herrn Rudolph darum, das Gutachten vorzulesen. Aus dem Schreiben ging hervor, daß die Längen- und Breitenform des Kopfes sowohl bei der Mutter als auch beim Vater deutlich runder als beim Findelkind 2307 sei, daß aber meine Längen- und Breitenform leidlich zum Findelkind 2307 passe. Außerdem sei die ⌜Jochbreite⌝ bei den Erwachsenen größer als beim Findelkind 2307 und auch bei mir, was aber, so das Gutachten, auch auf der Fettauflagerung mitberuhe. Ich hatte ein Wort wie Fettauflagerung zuvor noch nie gehört und griff mir so unauffällig wie möglich ins Gesicht, um mich auch selbst zu vergewissern, daß ich so etwas nicht hatte. Allerdings wußte ich nicht, wo sich das Jochbein befindet, und mußte feststellen, daß meine Wangen sich doch sehr danach anfühlten, was der Professor Fettauflagerung nannte. Ich stellte meine Selbstuntersuchungen ein und hörte weiter Herrn Rudolph zu, der uns nun wissen ließ, daß die relative Stirnhöhe bei dem Mann viel größer sei als bei der Frau, dem Kind und dem Findelkind, daß beim Mann allerdings die Glatzenbildung bei der Messung berücksichtigt werden müsse. Dann beschäftigte sich das Gutachten mit der relativen Kieferwinkelbreite, und ich erinnerte mich an die schmerzhaften Schrauben, mit denen mein Kiefer in die Schraubzwingen gespannt wurde. In Anbetracht des Aufwandes war es einigermaßen enttäuschend, daß das Gutachten über die relative Kieferwinkelbreite nur einen einzigen Satz enthielt. Der Satz lautete: »Die relative Kieferwinkelbreite ist wenig deutlich verschieden.« Nun stockte auch Herr Rudolph, blickte von dem Papier auf und fragte: »Verschieden wovon?« Ich wußte es nicht, die Mutter wußte es anscheinend auch nicht. Vielleicht war es ihr auch gleichgültig, denn sie hatte schon die ganze Zeit, während Herr Rudolph das Gutachten vorlas, wie abwesend gewirkt. War sie früher immer äußerst angespannt gewesen, wenn ein neues Gutachten eintraf oder auch nur eine Nachricht von einer der mit der Suche nach Arnold beteiligten Behörden, so schien sie das Schreiben des Professors nicht mehr zu interessieren. Auch die Auskunft, daß der Rohrerindex bei den Eltern höher als beim Findelkind 2307 sei, interessierte sie nicht besonders. Allerdings wurde dies von Professor Liebstedt insofern relativiert, als er wohl feststellte, daß der Mann und die Frau dicklicher seien als das Findelkind, daß dies aber auch am Lebensalterunterschied liegen könne. Die Eheleute, so der Professor, seien sehr fettreich, mit sehr hervorstehenden Bauchlinien. Und auch der eheliche Sohn der Eheleute, womit er mich meinte, sei sehr fettreich, wenn auch mit weniger hervorstehenden Bauchlinien, was aber ebenfalls durch den Lebensalterunterschied bedingt sei. Das Findelkind 2307 dagegen sei eher fettarm. Arnold also war dünn. Ich dagegen war dick. Das Gutachten des Professors gefiel mir nicht. Und mir gefiel auch nicht, daß er meine weniger hervorstehenden Bauchlinien nur deshalb als weniger hervorstehend bezeichnete, weil ich jünger als die Eltern war. Obwohl dieses Ergebnis gegen eine Verwandtschaft der Eltern mit dem Findelkind 2307 sprach, schien die Mutter auch weiterhin nicht sonderlich beunruhigt zu sein. Ich dagegen war wohl beruhigt darüber, daß das Findelkind andere Körperbaumerkmale aufwies, es wäre mir aber lieber gewesen, wenn die Eltern und ich den dünnen Part* übernommen hätten und das Findelkind den dicken. Auch die Hinterkopfmerkmale gefielen mir nicht sonderlich, nannte der Gutachter doch das Hinterhaupt von mir mehr vorgewölbt als das der Eltern, wogegen das Findelkind ein nur mäßig vorgewölbtes Hinterhaupt habe, also weder beson-

(An-)Teil

ders ähnlich noch besonders unähnlich war. Außerdem hatte der Professor deutliche Stirnhöcker festgestellt, sowohl bei mir als auch bei dem Findelkind, während er bei den Eltern weniger deutliche Stirnhöcker festgestellt hatte. Das sprach in mehrfachem Sinne gegen mich. Erstens fand ich es nicht besonders schmeichelhaft, deutliche Stirnhökker zu besitzen, zweitens machte es mich dem Findelkind 2307 ähnlich. Etwas günstiger sah es bei der Nasenrückenform aus, die sowohl bei den Eltern als auch bei mir deutlich konvex* zu sein schien, während sie beim Findelkind deutlich konkav* war. Über die Nasenrückenlänge hieß es dagegen nur: »Die Nasenrückenlänge ist überall eher groß.« Und gleich darauf folgte der Satz: »Die Unternase steht nicht stark hervor.« Nicht nur ich wunderte mich, auch Herr Rudolph stockte an dieser Stelle. Wir hatten beide bis jetzt nicht gewußt, daß der Mensch auch eine Unternase hat, und mußten uns erst mit dieser Tatsache vertraut machen. Herr Rudolph ließ sich aber nicht lange beirren und bemühte sich um Sachlichkeit, denn er wußte, was für die Mutter auf dem Spiel stand. Darum referierte er auch ohne jegliche Unterbrechung die weitere Darstellung der Nasenmerkmale, die sich nun dem zuwandte, was Professor Liebstedt die Flügelrandschweifung nannte. Er bezeichnete die Flügelrandschweifung sowohl bei der Mutter wie auch beim Findelkind als mittelstark mit eher scharfer Nasenspitze, während er die Flügelrandschweifung bei mir und dem Vater überstark mit absinkender Nasenspitze nannte. Unentschieden sozusagen, hätte Professor Liebstedt dazu gesagt. Ich sagte vorerst nichts und hörte weiter dem Gutachten zu, das sich nun mit den Nasenlöchern und hierbei wiederum mit der Nasenlöcherform wie mit der Sichtbarkeit der Innenwände der Nasenlöcher beschäftigte. Während die Nasenlöcherform für alle Beteiligten mittelgroß mit fehlender Wallbildung genannt wurde, waren die Innenwände der Nasenlöcher nur beim Findelkind

konvex: nach außen gewölbt

konkav: nach innen gewölbt

2307 deutlich sichtbar, während sie bei den Eltern und mir nicht deutlich sichtbar waren, was ich mit einer gewissen Genugtuung zur Kenntnis nahm. Auch die Untersuchung der Mund-, Kinn- und Ohrmerkmale war zu ganz unterschiedlichen Ergebnissen gekommen. So war die Lippendicke bei der Mutter und dem Findelkind ausgesprochen hoch, während sie bei mir und dem Vater nicht sehr hoch war. Allerdings zeigte die dicke Unterlippe des Findelkindes eine sogenannte »starke Auswärtskippung auf einer langen Strecke«, was die ebenfalls dicke Unterlippe der Mutter wiederum nicht zeigte. Die Oberlippenkerbung des Vaters dagegen wich von meiner Oberlippenkerbung ab, nicht aber von der der Mutter. Dem Vater wurde eine seichte Oberlippenkerbung bescheinigt, der Mutter eine mittlere, mir und dem Findelkind dagegen eine tiefe. Zum Glück hatten wir keine ⌜Hasenscharte⌝, dachte ich mir, denn wo eine tiefe Oberlippenkerbung ist, da könnte auch eine sehr tiefe Oberlippenkerbung sein. Und von einer sehr tiefen Oberlippenkerbung wäre es zu einer Hasenscharte nicht mehr weit. Ich hatte einen Mitschüler mit einer Hasenscharte und wußte, daß dies bedeutet, Tag für Tag gehänselt zu werden. Eine Hasenscharte war weitaus schlimmer als hervorstehende Bauchlinien oder herausragende Stirnhöcker, und nicht einmal Arnold hätte ich eine Hasenscharte gegönnt. Auch die Untersuchung von Kinn und Ohren hatte keine wirkliche Klarheit geschaffen, und je detaillierter das Gutachten war, um so verwirrender schien es auch. Herr Rudolph las trotzdem unbeirrt weiter, vielleicht war es für ihn nicht so verwirrend, außerdem kannte er sich mit Protokollen und Behördenschreiben aus. Die Mutter dagegen schien gänzlich in Gedanken versunken, blickte nur gelegentlich auf, um Herrn Rudolph zu zeigen, daß sie weiterhin zuhörte. Doch ich sah ihr an, daß sie mit anderen Dingen als mit Oberlippen und Unternasen beschäftigt war. Erst als Herr Rudolph sagte, daß er zu den

Ergebnissen des Gutachtens komme, die am Ende des Schreibens aufgelistet waren, wurde die Mutter wieder ein wenig aufmerksamer. Die sogenannte »Zusammenfassende Schlußbeurteilung« des Gutachtens war logischerweise ebensowenig eindeutig wie die Untersuchungen der einzelnen Körpermerkmale. So hieß der Befund für die Mundmerkmale, daß eine Elternschaft der Mutter schwach positiv wahrscheinlich sei, während eine Elternschaft des Vaters sehr unwahrscheinlich sei. Bei den Körperbaumerkmalen hingegen nannte Professor Liebstedt die Elternschaft der Eheleute mäßig unwahrscheinlich. Das könne man, dachte ich, auch anders sehen. Ich jedenfalls hatte den Eindruck, daß eine Verwandtschaft zwischen mehreren eher dicken und einem eher dünnen Menschen nicht mäßig unwahrscheinlich, sondern außerordentlich unwahrscheinlich sein müsse. Der Gutachter sah das anders, war aber mit mir einer Meinung in bezug auf die Ohrmerkmale, bei denen es hieß, daß eine Elternschaft der Eheleute nur leidlich möglich sei. Schwach negativ war die Elternschaft hingegen bei den sogenannten ⌜Farb- und Integumentmerkmalen⌝, bei denen auch Herr Rudolph ins Stottern geriet und die er anscheinend überschlagen und gar nicht vorgelesen hatte. Die Mutter wollte auch jetzt nichts Näheres darüber hören und meinte, daß sie sich bald um das Essen kümmern müsse. Herr Rudolph sagte, daß es gleich vorüber sei, und teilte uns unter dem Stichwort »Kopf- und Gesichtsumriß« mit, daß das Findelkind 2307 nur leidlich zur Frau und leidlich schlecht zum Mann, aber erstaunlich gut zum ehelichen Sohn der Eheleute passe. Da war es wieder, was ich befürchtet hatte: daß sich Arnold beziehungsweise das Findelkind 2307 in mein Aussehen und damit in mein Leben drängte. Meine Befürchtungen verstärkten sich noch, als es auch über die Kinngegend hieß, daß der Vater unwahrscheinlich, die Mutter mäßig wahrscheinlich, ich aber deutlich positiv wahrscheinlich sei. Zu meiner Erleichterung aber ging das Gutachten nicht weiter auf diesen Befund ein. Schon begann ich mir einzubilden, daß ich vielleicht mit Arnold beziehungsweise dem Findelkind verwandt war, nicht aber die Eltern. Dann würde die Mutter nicht ihren verlorengegangenen Sohn wiederbekommen, sondern ihren nicht verlorengegangenen Sohn verlieren. Dann wäre auch ich eine Art Findelkind, vielleicht sogar ein Russenkind. Dann hätten die Eltern keine Kinder mehr, und ich hätte einen elternlosen Bruder, mit dem ich ein wahrscheinlich äußerst enges Zimmer im Heim teilen mußte. Allerdings interessierte sich Professor Liebstedt nicht sonderlich für meine Ähnlichkeit mit dem Findelkind, so daß er diese Spur auch nicht weiter verfolgte. Wichtiger waren ihm die Eltern, und nur diese tauchten auch in dem abschließenden Gesamtbefund auf, der besagte, daß das Findelkind 2307 »mäßig unwahrscheinlich bis sehr unwahrscheinlich« das Kind der Antragsteller sei. »Das hört sich nicht gut an«, sagte Herr Rudolph zur Mutter. Diese sagte einen Moment nichts und erwiderte dann mit einem ganz unerwarteten Optimismus in der Stimme: »Aber auch nicht schlecht.« Herr Rudolph schwieg ein wenig befremdet, die Mutter und ich schwiegen auch. Draußen dämmerte es bereits, und bald mußte der Scheinwerfer angehen, der das Kühlhaus beleuchtete. Herr Rudolph blickte wieder in das Gutachten, stellte dann fest, daß der ⌜eidesstattlichen Erklärung⌝, mit welcher der Professor das Gutachten abgeschlossen hatte, noch eine Bemerkung vorangestellt war, welche lautete: »Dieser das Hauptgutachten abschließende Zwischenendsatz stellt nicht meine endgültige sachverständige Meinung dar. Diese ergibt sich vielmehr aus einem gegebenenfalls noch zu stellenden biomathematischen Zusatzgutachten.« Ganz offensichtlich handelte es sich bei dem Abschlußbefund um einen nichtabschließenden Abschlußbefund, was die Mutter mit einem »Das habe ich mir gleich gedacht« kommentierte und höchst zufrieden zur Kenntnis nahm. Schon am nächsten Tag forderte Herr Rudolph von seiner Dienststelle aus das biomathematische Zusatzgutachten an. Das Gutachten traf einschließlich einer weiteren Kostenrechnung nach wenigen Tagen ein. In einem Begleitbrief erläuterte der Professor das Verfahren des Gutachtens, welches nicht mehr Schätzungen liefere, wie noch das Hauptgutachten, sondern eine »exakte Behandlung« auf der Basis von ⌜logarithmischen⌝ Wahrscheinlichkeitswerten und gestützt auf eine ⌜Hollerith-Lochkartenuntersuchung⌝ von 130.000 Einzelbefunden. Hierbei gehe man so vor, daß die beiden Eheleute getrennt behandelt würden. Wobei die getrennte Behandlung so aussehe, »daß das eine Mal der Mann verglichen wird unter der Voraussetzung, daß die Mutter sicher zum Kinde gehört, und wieder die Frau verglichen wird unter der Voraussetzung, daß der Mann sicher zum Kinde gehört«. Die Mutter las die Passage ein weiteres Mal laut vor, doch war ich nicht überzeugt, ob sie sie auch verstanden hatte oder auch nur verstehen wollte. Ich hatte sie verstanden und wunderte mich darüber, daß ich in dem biomathematischen Zusatzgutachten überhaupt keine Rolle spielte. Hätte der Professor nicht auch den Vater und die Mutter unter der Voraussetzung mit dem Findelkind 2307 vergleichen müssen, daß auch der Bruder, also ich, sicher zum Kinde gehört? Ich wollte zwar gar nicht sicher zum Kinde gehören, andererseits war ich doch ebenso wie die Eltern in Heidelberg gewesen, hatte mir in den Bauch kneifen und eine Schraubzwinge am Kiefer befestigen lassen. Jetzt, wo es darauf ankam, spielte ich ganz offensichtlich keine Rolle mehr. Jetzt ging es nur noch um die Eltern und Arnold, der sich in meinen Augen zu einem ziemlichen Wichtigtuer entwickelt hatte. Inzwischen hatte die Mutter das Gutachten wieder Herrn Rudolph zum Vorlesen übergeben. Sie fühlte sich anscheinend durch die Zahlen und Berechnungen überfordert. Und vielleicht fürchtete sie sich auch davor, das Ergebnis des Gutachtens mit eigenen Augen sehen zu müssen. Herr Rudolph las nun die sogenannten Teiltrenntestwerte, auch TTT-Werte genannt, für alle Merkmalsgruppen vor. Beim Vater lief es darauf hinaus, daß ihm von zwölf geprüften Merkmalsgruppen zehn negative Endwerte bescheinigt wurden. Nur die Fußmerkmale und die Blutgruppe sprachen für eine Verwandtschaft mit dem »Kinde«, wie Professor Liebstedt das Findelkind 2307 nannte, welches für mich nur noch »der Wichtigtuer« war. Bei der Mutter sah es ähnlich, wenn auch ein wenig besser aus: von zwölf Merkmalsgruppen waren acht negativ, während Blutgruppe, Nasen- und Lippenmerkmale sowie Integumentmerkmale eine Verwandtschaft nicht ausschlossen. In einer weiteren Berechnung wurden nochmals Blutgruppen, Abdruckmerkmale, Farbmerkmale und Formmerkmale in wiederum verschiedene Untergruppen zusammengefaßt und nach den, wie es im Gutachten hieß, »hierfür besonders berechneten statistischen Unterlagen bewertet«. Mit dem Ergebnis, daß die Mehrzahl der zusammengefaßten Untergruppen für beide Eheleute negativ sei, wobei, so Professor Liebstedt, »der Mann besonders schlecht nach den Abdruckmerkmalen« und »die Frau besonders schlecht nach den Formmerkmalen paßt«. Nachdem Herr Rudolph diese Passage vorgelesen hatte, blickte er ein wenig unsicher die Mutter an. Doch diese blieb äußerst gefaßt und bat darum, nun auch noch den Rest zu hören. Der Rest war das, was Professor Liebstedt seinen »endgültigen Schlußsatz« nannte, welcher lautete: »Mit einer an Sicherheit grenzenden mindestens 99,73% oder 370:1 betragenden Wahrscheinlichkeit sind die Antragsteller nicht die Eltern des Findelkindes 2307. Der Ehemann ist auch für sich allein als Vater und die Ehefrau ist für sich allein als Mutter dieses Kindes offenbar unmöglich.« Dann folgten eine eidesstattliche Versicherung des Professors und seine Unterschrift. Die Mutter schwieg noch immer, und Herr Rudolph, der um den Gemütszustand der Mutter fürchtete, bemerkte, daß das biomathematische Zusatzgutachten ja nichts anderes tue, als den Befund des Hauptgutachtens, den wir ja schon kennten, in Zahlen auszudrücken. Der Befund des Hauptgutachtens lautete allerdings, daß eine Verwandtschaft mit dem Kind »mäßig unwahrscheinlich bis sehr unwahrscheinlich« sei. Ich konnte nicht finden, sagte es aber nicht, daß eine Wahrscheinlichkeit beziehungsweise Unwahrscheinlichkeit von 99,73 Prozent noch irgend etwas mit einer mäßigen Unwahrscheinlichkeit zu tun hatte. Eine Unwahrscheinlichkeit von 99,73 Prozent, das war so etwas wie eine totale Unwahrscheinlichkeit. Nun stand es nicht mehr unentschieden wie noch in Heidelberg, sondern 370:1 gegen Arnold. Arnold hatte 1 Tor geschossen – die anderen 370. Wenn das Spiel nun mit dem biomathematischen Zusatzgutachten zu Ende war, dann hatte Arnold haushoch verloren, was ich nicht sehr bedauerte. Daß damit auch die Mutter verloren hatte, tat mir allerdings leid, und ich verstand, daß Herr Rudolph sie trösten wollte. Doch die Mutter ließ sich nicht trösten. Sie saß aufrecht am Tisch, blickte auf das Gutachten, das Herr Rudolph vor sie hingelegt hatte, schlug die letzte Seite auf, las noch einmal das Ergebnis und sagte dann, ohne Herrn Rudolph oder mich anzusehen: »Ich lasse mir mein Kind nicht noch einmal wegnehmen.« Sie sagte es weder besonders laut noch mit einer Erregung in der Stimme. Sie sagte es so, wie man auf eine selbstverständliche Tatsache hinweist. Nun sah ich, wie Herr Rudolph, der sich bisher immer besonnen und ruhig verhalten hatte, unruhig wurde und nach Worten suchte. Schließlich wies er die Mutter darauf hin, daß das Verfahren mit dem letzten Gutachten beendet sei. Sie habe keinen Rechtsanspruch mehr auf ein weiteres Gutachten und müsse Arnold als endgültig verloren betrachten. Das sei traurig, aber so sei es nun mal. Sie müsse die

Realität akzeptieren. Zum ersten Mal hörte ich einen strengen Herrn Rudolph. Nun sprach er wie ein Polizist und nicht wie jemand, der mit der Mutter an Sonntagnachmittagen Operettenplatten hörte. Doch es schien ihm nicht leichtzufallen. Er mußte sich räuspern und schluckte, und einige Male schien es auch, als würde er beim Sprechen nicht genug Luft in seine Lungen bekommen, so daß er mitten im Wort mit dem Sprechen aufhörte und nach Luft schnappte. Gleichwohl hatten die Worte Herrn Rudolphs auf die Mutter Eindruck gemacht. Sie blickte erst mich, dann Herrn Rudolph an, legte dann ihre Hände an die Schläfen, als wolle sie ihren Kopf festhalten. Obwohl die Mutter ihren Kopf mit den Händen zu halten versuchte, war deutlich zu sehen, wie er wieder zu zittern begann. Ich hatte schon einige Male gesehen, wie der Kopf der Mutter gezittert hatte, doch ich hatte noch niemals gesehen, daß die Mutter nicht in der Lage war, den Kopf mit ihren Händen zu halten. Nun wurde das Zittern so stark, daß die Hände den Kopf nicht mehr hielten und mit dem Kopf mitzitterten. Das Zittern setzte sich über die Arme und die Schultern fort und brachte nun den ganzen Oberleib der Mutter in Bewegung, die noch immer vergeblich versuchte, mit ihren hin und her springenden Händen ihren nun ebenfalls hin und her springenden Kopf zur Ruhe zu bringen. Während das Zittern der Mutter immer stärker wurde, hatte ich meinen Platz verlassen und mich ein wenig vom Tisch entfernt. Herr Rudolph war nach einem ersten Moment des Abwartens auf die Mutter zugesprungen, hatte sich neben sie gesetzt und sie dann so fest umarmt, daß ihr Zittern langsam abnahm. Während er sie umarmte, sagte er nur immer wieder »Ist ja gut«, »Ist ja gut«, als würde er mit einem Kind sprechen, das sich erschreckt hatte. Die Mutter beruhigte sich, und jetzt legte sie auch ihre Arme um Herrn Rudolph und weinte leise. Während die Mutter und Herr Rudolph sich umarmten, verließ ich den Raum.

Ich wäre jetzt gern wie früher durch das verwinkelte Haus geirrt, konnte aber nur die geflieste Treppe hinauf- und hinablaufen oder aber auf den Hof und hinter das Kühlhaus gehen, wo sich der neue Generator befand, der das Kühlhaus im Notfall mit Strom versorgen sollte. Ich wußte nicht, was ich tun sollte, während die Mutter Herrn Rudolph umarmte. Aber ich war mir sicher, daß die Mutter, wenn sie Herrn Rudolph umarmte, auch an den Vater denken würde. Nach einiger Zeit verließ auch Herr Rudolph das Haus. Bevor er sein Auto bestieg, das fast die gleiche Farbe wie sein Dienstwagen hatte und ebenfalls ein Volkswagen war, sagte er zu mir, daß es der Mutter nicht gutgehe und daß wir nun ganz besonders viel Rücksicht auf sie nehmen müßten. Über alles Weitere wolle er mit mir in den nächsten Tagen sprechen. Es dauerte allerdings fast eine ganze Woche, bis ich Herrn Rudolph wiedersah. So viel Zeit ließ er normalerweise nicht vergehen, ohne die Mutter zu besuchen. Diesmal kam er mit dem Dienstwagen und trug seine Uniform. Die Mutter war mit Bestellungen und Abrechnungen beschäftigt, und Herr Rudolph nutzte die Mittagspause, um das besagte Gespräch mit mir zu führen. Zuerst sagte er nichts, dann sagte er, daß ich mir keine Sorgen machen solle. Ich wußte nicht, welche Sorgen Herr Rudolph meinte. Ich machte mir viele Sorgen, doch von diesen Sorgen wußte Herr Rudolph nichts. Dann legte er ohne eine Erklärung die Hände auf meine Schultern und sagte, daß er die Mutter und mich sehr gern habe. Ich fühlte, wie mir das Blut in den Kopf stieg, doch ich wollte auf keinen Fall einen roten Kopf bekommen. Herrn Rudolphs Worte hatten mich in Verlegenheit gebracht: Da saß ein Polizist vor mir, in grüner Uniform mit Dienstpistole und Funkgerät, und sagte, daß er mich gern habe. Nachdem Herr Rudolph seine Worte gesprochen hatte, schien er erleichtert zu sein. Er drückte noch einmal meine Schultern und strich mir dann mit der rechten Hand über den Hinterkopf, so daß ich befürchtete, er würde meine Hinterkopfwölbung überprüfen wollen. Doch er berührte mich nur kurz, zog seine Hand wieder zurück und sagte dann mit ernster Stimme, daß es der Mutter in der letzten Woche besonders schlecht gegangen sei. Zwar habe sie das Ergebnis des Gutachtens zur Kenntnis genommen, aber er habe ihr versprechen müssen, sie auch weiterhin zu unterstützen, was er natürlich tun werde. Dann ließ Herr Rudolph mich wissen, daß der Mutter die Idee gekommen sei, das Findelkind 2307 zu adoptieren*. Wenn es ihr schon nicht als leibliches Kind zuerkannt würde, dann wolle sie es eben adoptieren. Insgeheim sei sie noch immer davon überzeugt, daß Arnold und das Findelkind 2307 identisch seien. Denn die »offenbare Unmöglichkeit« einer Verwandtschaft, von der das Gutachten sprach, sei für sie eben nicht das gleiche wie die bewiesene Unmöglichkeit. Und eine Unwahrscheinlichkeit von 370:1 beziehungsweise 99,73 Prozent sei eben keine hundertprozentige Unwahrscheinlichkeit. Die Mutter klammere sich an die restlichen 0,27 Prozent, sagte Herr Rudolph, und sie klammere sich so sehr an diese 0,27 Prozent, daß sich diese im Laufe der letzten Tage gewissermaßen in 99,73 Prozent verwandelt hätten. Je länger die Mutter über die Tatsache nachgedacht habe, daß 99,73 Prozent keine 100 Prozent seien, um so mehr seien ihr die restlichen 0,27 Prozent zum 99,73prozentigen Beweis dafür geworden, daß Arnold und das Findelkind identisch seien. Die Mutter habe sich auch von ihm, der die Dinge realistischer sehe, nicht umstimmen lassen, und je mehr er sie habe umstimmen wollen, um so weniger habe sie sich umstimmen lassen. Außerdem habe sie, sobald er auf das Ergebnis des Gutachtens hingewiesen habe, wieder zu zittern begonnen, so daß ihm nur noch übriggeblieben sei, klein beizugeben und auf die Rechtslage hinzuweisen. Der Mutter sei es allerdings schwergefallen, die Rechtslage zu akzeptieren. Sie habe ihm nur immer wieder gesagt, wieviel

Ein nicht leibliches als eigenes Kind annehmen

Schreckliches ihr, dem Vater und dem Kind widerfahren sei und daß sie nicht noch einmal beraubt werden wolle. Die Rechtslage sei immer ungünstig, da habe sie keine Illusionen. Dann habe die Mutter, so Herr Rudolph, über den Lastenausgleich gesprochen, den der Vater nach dem Krieg beantragt hatte und der ihm wegen der Rechtslage verweigert worden war. Ich wußte nicht genau, was der ⌜Lastenausgleich⌝ war, hatte das Wort aber schon so oft gehört, daß es zu den häufigsten Worten meiner Kindheit gehörte. Die Mutter und der Vater hatten viele Jahre fast Tag für Tag über den Lastenausgleich gesprochen, bis sie irgendwann nicht mehr darüber gesprochen hatten. Eines Tages war der Lastenausgleich aus dem Leben der Eltern verschwunden, doch solange er nicht verschwunden war, war er den Eltern kein Ausgleich, sondern eine wirkliche Last gewesen, die sie bedrückte und ihnen das Leben schwermachte. »Die Entscheidung über den Lastenausgleich«, sagte Herr Rudolph, »hat die Mutter bis heute nicht verwunden. Doch nicht wegen des Geldes, sondern wegen der Gerechtigkeit. Deiner Mutter geht Gerechtigkeit über alles. Und nun fühlt sie sich aufs neue ungerecht behandelt, obwohl die Gutachten kein Unrecht, sondern eine bittere Tatsache sind.« Da er nicht riskieren wolle, daß die Mutter einen Zusammenbruch erleide oder womöglich ernsthaft krank werde, habe er sie in der Adoptionssache unterstützt, sagte Herr Rudolph. Plötzlich sprang er auf und verließ mit einem »Bin gleich zurück!« den Raum. Unterdessen stellte ich mir das Findelkind 2307 als Adoptivkind vor. Ich fragte mich, ob ein Adoptivkind die gleichen Rechte wie ein leiblicher Bruder habe. Schließlich war er einige Jahre älter als ich, und bevor mich ein adoptierter älterer Bruder quälte, hätte ich es doch vorgezogen, von einem leiblichen älteren Bruder gequält zu werden. Daß mich ein älterer Bruder quälen würde, daran hatte ich keinen Zweifel. Wenn es aber nur ein adoptierter älterer Bruder war, dann würde die Rechtslage vielleicht für mich sprechen. Einem adoptierten älteren Bruder würde ich mit der Rechtslage kommen, das nahm ich mir jetzt schon vor. Und falls der adoptierte ältere Bruder identisch mit Arnold war, was theoretisch ja noch immer möglich sein konnte, dann würde ich meinen leiblichen älteren Bruder hereinlegen und ihm mit der Rechtslage für einen adoptierten älteren Bruder kommen, die gewiß nicht so günstig war wie für einen leiblichen Bruder. Während ich mir so meine Vorteile gegenüber dem Findelkind 2307 ausrechnete, kam Herr Rudolph zurück und erklärte mir, daß er in den letzten Tagen wegen der Adoptionsfrage Erkundigungen über das Findelkind 2307 eingezogen habe. Dabei sei ihm vom zuständigen Jugendamt mitgeteilt worden, daß für das Findelkind 2307 schon seit Jahren ein Adoptionsantrag einer anderen Familie vorliege, daß diesem Adoptionsantrag aber so lange nicht stattgegeben worden sei, solange die Abstammungsfrage nicht geklärt war und solange es die Rechtslage erlaubte, daß weitere Abstammungsgutachten beantragt und erstellt würden. Im Falle des Findelkindes 2307 sei es nun insofern besonders unglücklich verlaufen, da sich für dieses Kind schon einmal mutmaßliche Eltern gefunden hatten und daß auch diese Eltern entsprechende Gutachten erstellen ließen, welche ebenfalls negativ ausgefallen seien. Das Findelkind habe also während dieser ganzen Jahre nicht zur Adoption freigegeben werden können und sei über die beiden gutachterlichen Verfahren nun fast schon volljährig geworden. Die Adoptiveltern haben es trotzdem adoptiert. Ich könne mir denken, sagte Herr Rudolph, daß die Mutter das Ergebnis seiner Erkundigungen außerordentlich deprimiere und daß sie mit mir auch gar nicht über diese Angelegenheit habe sprechen wollen. Er halte es aber für seine Pflicht, und die Mutter sei auch damit einverstanden gewesen, daß er mich von der Angelegenheit unterrichte, denn schließlich würde auch ich mit dem Findelkind 2307 einen möglichen Bruder verlieren. Ich bedankte mich bei Herrn Rudolph und machte ein möglichst besorgtes Gesicht, war in Wahrheit aber froh, daß ich mir umsonst Gedanken über die Rechtslage von adoptierten älteren Brüdern gemacht hatte. Daß die Mutter mit mir über die Adoptionsangelegenheit nicht hatte sprechen wollen, kränkte mich allerdings. Und mich kränkte auch, daß sie sich noch immer nicht mit den Tatsachen zufriedengab. Schließlich war ich auch noch da, und hätte die Mutter nicht gelegentlich einmal sagen können, daß ich ja auch noch da war. Doch ich hörte immer nur, daß Arnold nicht da war. Ich war wütend auf die Mutter. Ich war auch wütend auf Arnold. Und ich bemerkte, daß ich auch wütend auf Herrn Rudolph war, und dies sowohl, weil er die Mutter umarmt hatte, als auch, weil die Mutter ihn auf eine Weise umarmte, wie sie mich noch niemals umarmt hatte. Mich hatte sie immer nur in Anfällen von verzweifelter Mutterliebe so stark an sich gepreßt, daß mir die Luft wegblieb. Das Findelkind habe nun eine andere Familie, sagte Herr Rudolph, und die Mutter scheine es allmählich zu begreifen. Allerdings habe sie Herrn Rudolph gegenüber noch einen Wunsch geäußert, und er habe ihr diesen Wunsch nicht abschlagen können. Die Mutter wolle das Findelkind wenigstens ein einziges Mal sehen, sagte Herr Rudolph. Ein einziges Mal nur, habe sie gesagt, und er habe ihr das Versprechen abgenommen, daß es bei diesem einzigen Male bleiben wird. »Wo wohnt er denn?« wollte ich nun von Herrn Rudolph wissen, worauf er aber nicht antwortete, sondern mir erklärte, daß die Rechtslage es die ganzen Jahre über nicht zugelassen habe, daß die Eltern das Findelkind zu Gesicht bekämen. Nicht mal seinen Aufenthaltsort habe ihnen das zuständige Jugendamt mitgeteilt. Nun sei es allerdings für ihn kein Problem gewesen, auf dienstlichem Wege den jetzigen Namen des Findelkinds 2307 und seinen Wohnort herauszubekommen. »Wo wohnt er denn?« wollte ich noch einmal wissen, und diesmal antwortete mir Herr Rudolph, daß das Findelkind 2307 nun Heinrich genannt werde, bei seinen Adoptiveltern in einer kleinen Stadt im Weserbergland unweit der ⌜Porta Westfalica⌝ lebe und im elterlichen Geschäft eine Fleischerlehre absolviere. Arnold der Wichtigtuer heißt jetzt Heinrich und wird Fleischer, dachte ich mir und mußte grinsen. Ausgerechnet Heinrich und ausgerechnet Fleischer. »Was gibt es da zu grinsen«, sagte Herr Rudolph plötzlich und mit einer Strenge, die mich an den strengen Ton des Vaters erinnerte. Ich hörte augenblicklich auf zu grinsen und stellte mir vor, daß Herr Rudolph sich langsam in den Vater verwandelte. In einigen Tagen, sagte Herr Rudolph dann in dem freundlichen Ton, den ich von ihm kannte, würden er, die Mutter und ich einen Ausflug ins Weserbergland machen. Und wenn alles gut gehe, dann könnten wir uns dort auch Arnold beziehungsweise Heinrich beziehungsweise das Findelkind 2307 anschauen. Natürlich von ferne und aus dem Auto heraus, es sei denn, wir gingen in den Fleischerladen und ließen uns von ihm bedienen. Ich wollte mich nicht von Heinrich bedienen lassen, und anschauen wollte ich ihn auch nicht. Doch Herr Rudolph sagte, daß es für alle das beste sei, wenn wir den Ausflug gemeinsam machten. Als wir einige Tage darauf den Opel Admiral bestiegen, um ins Weserbergland zu fahren, mußte ich an früher denken. Die Mutter war beim Friseur gewesen und roch nach Kölnisch Wasser, Herr Rudolph trug Zivil, einen Hut und eine Krawatte, und auch ich mußte mir die Sonntagshosen anziehen, obwohl es Freitag war. Ich erinnerte mich daran, wie oft mir während der Ausflugsfahrten schlecht geworden war und daß ich unter Gesichtszuckungen gelitten hatte. Ich versuchte, mich an das Gefühl zu erinnern, als die Schmerzblitze erst durch meine Wangen und dann hinauf in die Stirn gefahren waren. Und während ich an die Schmerzblitze dachte, verzog sich mein Gesicht zu dem gleichen bösartigen Grinsen, das den Vater immer so wütend gemacht hatte. Noch ehe ich mein Gesicht wieder in Ordnung bringen konnte, hörte ich schon die wütende Stimme von Herrn Rudolph, der mich im Innenspiegel beobachtet hatte. »Schluß mit dem Gegrinse«, schrie er plötzlich so laut, daß auch die Mutter erschrak und sich nach mir umdrehte. Ich hörte auf zu grinsen und wußte nun, daß ich Herrn Rudolph nicht mehr mochte. Ich rührte keine Miene mehr und schwieg so lange, bis Herr Rudolph eine Tankstelle ansteuerte, um zu tanken, die Frontscheibe zu säubern und den Ölstand zu überprüfen. Die Mutter und ich blieben im Wagen. Die Mutter schwieg, und da auch ich nicht wußte, was ich sagen sollte, sagte ich: »Willst du Herrn Rudolph heiraten?« Die Mutter drehte sich nach mir um, sah mich mit ihren wie entzündet wirkenden Augen an und sagte, daß Herr Rudolph der Mensch sei, der ihr am nächsten stehe und daß er ihr in der schweren Zeit wie kein anderer geholfen habe. Außerdem habe er ihr schon vor längerer Zeit einen Antrag gemacht. Sie habe ihm noch nicht geantwortet, sagte die Mutter, aber sie werde nein sagen, obwohl sie ja sagen wolle. Dann blickte sie wieder nach vorn, und ich spürte, daß sie jetzt jemanden brauchte, der sie tröstete. Die Mutter tat mir leid, doch ich konnte sie nicht trösten. Sollte Arnold sie doch trösten, dachte ich, oder das Findelkind 2307, oder Heinrich der Fleischer. Und noch ehe ich mir die Mutter in inniger Vertrautheit mit meinem verlorengegangenen Bruder vorstellte, der sich inzwischen auf wunderbare Weise verdreifacht hatte, spürte ich wieder die Schuld und die Scham, die ich immer spürte, wenn die Mutter traurig war, und die es mir unmöglich machte, der Mutter auch nur das geringste Zeichen von Nähe zu zeigen. Inzwischen hatte Herr Rudolph das Tanken beendet und sich wieder hinter das Steuer gesetzt. Wir fuhren über die Autobahn, die Herr Rudolph immer Bundesautobahn und manchmal sogar BTB nannte, obwohl ich sicher war, daß es BAB hieß. Aber ich wagte nicht, ihn zu korrigieren. Ich ließ Herrn Rudolph reden, der nun in einem aufgeräumten Zustand war. Offenbar war ihm das Tanken, das Säubern der Frontscheiben und das Prüfen des Ölstands gut bekommen. Herr Rudolph erzählte von dem Bundesautobahnabschnitt Bielefeld – Hannover, auf dem wir uns gerade befanden und der durch das Weserbergland führe. Herr Rudolph hatte einen Kollegen, der auf dem Bundesautobahnabschnitt Bielefeld – Hannover einmal Dienst getan hatte. Und dieser Kollege wiederum hatte Herrn Rudolph die abenteuerlichsten Unfall- und Geschwindigkeitsübertretungsgeschichten erzählt, die Herr Rudolph jetzt mir erzählte. Doch die Geschichten interessierten mich nicht. Mich interessierte auch die Dienstpistole von Herrn Rudolph nicht. Ich ließ Herrn Rudolph erzählen, von verunglückten Schweinetransporten und ausgelaufenen Milchtanks, aber es beeindruckte mich nicht. Herr Rudolph redete, und ich dachte daran, daß er noch nicht wußte, daß die Mutter bald zu ihm nein sagen würde. Als wir die Autobahn verließen, hörte auch Herr Rudolph zu erzählen auf und konzentrierte sich auf die Landstraße, die uns zu Heinrichs neuem Zuhause führte. Die Adresse, die Herr Rudolph ermittelt hatte, lautete »Am Markt«, so daß wir geradewegs auf das Ortszentrum zusteuerten. Am Marktplatz, der an einer Seite von Fachwerkhäusern gesäumt wurde, ansonsten aber mit modernen Geschäftshäusern bebaut war und als Parkplatz genutzt wurde, entdeckten wir auch sofort die Fleischerei, die sich in einem verglasten Flachbau befand. Herr Rudolph parkte den Wagen in einiger Entfernung, so daß wir den Laden nicht einsehen konnten. Nun beriet er sich mit der Mutter darüber, was zu tun sei. Die Mutter wußte es nicht. Mir schien, sie wäre am liebsten wieder davongefahren, ohne einen Blick in das Geschäft zu werfen. Herr Rudolph schlug vor, erst einmal allein in den Laden zu schauen. Nach wenigen Minuten kam er zurück und sagte: »Er ist im Geschäft.« Die Mutter sagte: »Vielleicht ist es besser, wieder nach Hause zu fahren.« Doch Herr Rudolph wollte der Mutter ihren Wunsch erfüllen. Auch wenn sie sich nun vor ihrem eigenen Wunsch zu fürchten begann. Er wendete den Wagen, verließ den Parkplatz und rollte langsam vor das Geschäft, wo er den Wagen anhielt. Als ich durch die Schaufensterscheibe das Findelkind 2307 sah, erschrak ich und bemerkte sofort, daß Heinrich aussah wie ich. Ich sah in dem Laden mein eigenes, nur um einige Jahre älteres Spiegelbild, das gerade dabei war, eine Kundin zu verabschieden. Ich war verwirrt. Ich wollte meinen Augen nicht trauen. Und ich wartete darauf, was Herr Rudolph und die Mutter sagen würden. Doch Herr Rudolph sagte nichts. Er schaute mit zusammengekniffenen Augen und gerunzelter Stirn in den Laden und zeigte keine Reaktion. Es war, als blickte er in einen leeren Raum. Und auch die Mutter schwieg. Sah sie nicht, was ich sah? Erkannte sie ihr eigenes Kind nicht mehr wieder? Ich war verwirrt. Ich starrte weiter in das Geschäft. Ich spürte einen aufsteigenden Druck in der Magengegend und roch den süßlichen Geruch der Kunststoffausstattung des Wagens. Und während ich schluckte und die Übelkeit zu unterdrücken suchte, sah ich, wie auch mein Gegenüber hinter den Scheiben fahl wurde und bleich im Gesicht. Ich preßte mich in den Rücksitz, drehte die Scheibe herunter und atmete einige Male tief durch. Ich wollte der Mutter sagen, ich wollte sie anflehen, daß sie endlich aussteigen und endlich hineingehen solle zu ihm. Doch ich mußte atmen und konnte nichts sagen. Und noch während ich spürte, wie das Blut in meinen Kopf zurückkehrte und die Magennerven sich entspannten, sagte die Mutter, die von alldem nichts bemerkt zu haben schien: »Mach das Fenster zu. Wir fahren.«

Anhang

Lektionen der Leere

Tief ist der Brunnen der Vergangenheit, und es gehört zu den besonderen Privilegien eines Schriftstellers, aus diesem Brunnen das Element zu schöpfen, welches ihn erst zum Schriftsteller macht. Die Erinnerung ist der Lebensstoff wohl der meisten Autoren, die vergangene Lebenszeit ist das Kapital, das sich auf dem Konto des Schriftstellers in jedem Falle akkumuliert, was man von anderen Kapitalien nicht unbedingt sagen kann. So melancholisch uns die vergehende Lebenszeit auch stimmen mag. Es bleibt der Trost, daß für uns alles Vergangene nicht gänzlich verloren sein muß, weil wir es nutzen können für unseren Text. Und dieser Text wird, so die – leider nicht immer begründete – Hoffnung des Autors, Bestand haben über die eigene Lebenszeit hinaus. Die vergehende und vergangene Zeit gehört zu den wichtigsten Besitzständen eines Schriftstellers. Und der Teil der vergangenen Zeit, der vielen als der wertvollste erscheint, ist die Kindheit. Sie ist das sonnenbeschienene Griechenland auf der Landkarte der eigenen Lebensgeschichte, ursprungsnah und zukunftsfroh zugleich. Was wären ein Goethe, ein Rousseau, ein Fontane oder ein Proust ohne ihre jeweilige Kindheit? Die Frage scheint sich von selbst zu beantworten. Nehmen wir nur Rousseau, der, glauben wir seiner Selbstdarstellung, schon als Knabe ein Genie war, mit sieben Jahren die Bibliothek der Mutter ausgelesen hatte und in seinen »Bekenntnissen« von sich nicht nur behauptet: »Ich hielt mich für einen Griechen oder Römer«, sondern auch, daß er sich bereits als Kind von zuviel Romanlektüre mit Plutarchs »Bioi paralleloi«, den Lebensbeschreibungen berühmter Griechen und Römer, kuriert habe. Soviel schier unglaubliches Bildungsglück kann nur noch von dem Bindungsglück eines Theodor Fontane übertroffen werden, der, was ich mit Rührung lese und noch viel unglaublicher finde als Rousseaus Lektüren, zu den glücklichsten Momenten seiner Kindheit denjenigen zählt, wenn er seinen Vater aus dem Mittagsschlaf wecken durfte, weil, so Fontane, der Vater »dabei nicht bloß von besonders guter Laune, sondern sogar von einer ihm sonst gar nicht eignen Zärtlichkeit gegen mich war. Ich mußte mich dann zu ihm setzen, und er plauderte mit mir, weit über meinen Kopf weg, über allerhand merkwürdige Sachen, die mich, vielleicht gerade deshalb, entzückten.« Offensichtlich haben wir es hier mit einem Schlüsselerlebnis der versöhnlichsten Art zu tun, mit einer Art Urszene: der Schriftstellergenese aus dem Geiste väterlicher Zärtlichkeit und Erzählfreude. Sollte es sich hier allerdings um nachträgliche Konstruktion, wenn nicht gar Mystifikation handeln, so würde ich darüber hinwegsehen. Schließlich kann ein jeder sich glücklich schätzen, der sich auf solche Weise über seine Vergangenheit zu täuschen versteht. Nicht um eine Selbsttäuschung, gewiß aber um eine Konstruktion handelt es sich bei Goethes Kindheitserinnerungen in »Dichtung und Wahrheit«, und Goethe unterläßt es auch nicht, dem Leser das Moment der Konstruktion schon dadurch zu offenbaren, daß er über die Stunde seiner Geburt schreibt: »Am 28. August 1749, mittags mit dem Glockenschlage, kam ich in Frankfurt am Main auf die Welt. Die Konstellation war glücklich (...).« Mit letzterer meint Goethe die Konstellation der Planeten, und aus der Rückschau deutet er gewiß richtig, daß die Sterne günstig für ihn standen. Obwohl Goethe eine schwere Geburt war und mit seinen Worten, »für tot« auf die Welt kam, nutzt er den »astrologischen Aberglauben«, »der«, so Goethe in einem Brief an Schiller (vom 8.12.1789), »auf dem dunklen Gefühl eines ungeheuren Weltganzen« ruht, sein Leben wohlgefügt in eben dieses Ganze hineinzustellen, ohne Rücksicht darauf, ob die astrologischen Daten stimmen oder nicht. Goethe hätte seinen Lebensbericht freilich auch ganz anders beginnen können. Zum Beispiel so, wie sein Biograph Richard Friedenthal es später getan hat: »Die Geburt des Kindes war schwer. Sie dauerte drei Tage. So gut wie leblos kam Goethe zur Welt, ›ganz schwarz‹ wie die Mutter später erzählte, das heißt in Wirklichkeit wohl blau durch Atemmangel und Störung des Kreislaufs; Asphyxie ist die medizinische Bezeichnung«. Was für den einen die Asphyxie, ist für den anderen eine glückliche Konstellation. Ganz unabhängig von den realen Umständen von Goethes Geburt aber zeigt der Modus der Goetheschen Erinnerung nicht nur, daß die Einbildungskraft an jeder Erinnerung mitschreibt. Sie demonstriert zugleich die Goethesche Fähigkeit, auch ungünstigen Bedingungen einen wohlmeinenden Planetenstand abzutrotzen. Goethe war ein Begünstigter, aber zu diesem Begüngstigtsein gehört nicht nur das Beschenktsein mit Glück, sondern auch die Bereitschaft zu glauben, daß Glück selten allein kommt. Mit den Worten Goethes: »Wie man zu sagen pflegt, daß kein Unglück allein komme, so läßt sich wohl auch bemerken, daß es mit dem Glück ähnlich beschaffen sei; ja auch mit anderen Umständen, die sich auf eine harmonische Weise um uns versammeln; es sei nun, daß ein Schicksal dergleichen auf uns lege oder daß der Mensch die Kraft habe, das, was zusammen gehört, an sich heranzuziehen.« Die gute, glückliche Kindheit mag eine wichtige Voraussetzung für eine gelingende Schriftstellerlaufbahn sein. Doch ist sie mit Sicherheit nicht die einzige. Wir kennen alle die Ernest Hemingway zugeschriebene Antwort auf die Frage, was man mitbringen müsse, um ein Schriftsteller zu werden: Talent und eine unglückliche Kindheit. Letztere ist ein Kapital, über das nicht wenige Autoren verfügen. Es gibt einige ganz herausragende Unglücksgeschichten in der Literaturgeschichte. Vorbildliches kindliches Unglück sozusagen, ohne das bestimmte Autoren gar nicht zu denken sind. Hierzu fallen einem natürlich Autoren wie Karl Philipp Moritz oder Jakob Michael Reinhold Lenz ein, die beide nicht nur nicht zu den Glückskindern unter den Autoren gerechnet werden können, sondern exemplarisch für eine unglückliche Schriftstellerkindheit beziehungsweise eine zerrissene Lebensgeschichte und unvollendete Autorschaft stehen. Es sind beides Autoren, die nicht wie Goethe Meister der Krisenabwehr und Persönlichkeitsfestigung waren, die nicht die Kraft hatten, das, was zusammengehört, an sich heranzuziehen.

Wollte ich mich an einem der soeben erwähnten Autoren messen, allein im Hinblick auf ihre biographische Erfahrung und ihre schreibpsychologischen Voraussetzungen wohlgemerkt, dann könnte ich mir selbst nicht erklären, warum ich jemals zur Feder gegriffen beziehungsweise mich an die Schreibmaschine gesetzt habe, um damit zuerst Tagebuchnotizen und dann Gedichtzeilen zu schreiben. Ich kann nicht wie Goethe behaupten, daß zur Stunde meiner Geburt die Konstellation besonders glücklich war. Ich kenne die Stunde meiner Geburt nicht einmal. Ich habe selbstredend auch nicht das Privileg genossen, ein Figurentheater in der guten Stube aufzubauen, zur nachträglichen anekdotischen Freude der Familie mit Töpferware um mich zu schmeißen, einen zärtlich gestimmten Vater aus dem Mittagsschlaf zu wecken oder mich gar mit Plutarchs »Lebensläufen« von übermäßiger Romanlektüre zu kurieren. Doch ist mir ebenfalls verwehrt, es Chateaubriand nachzutun, der in seinen Memoiren umstandslos bekennt: »Ich war halb tot, als ich zur Welt kam.« Ich weiß nicht, in welchem Zustand ich war, als ich zur Welt kam. So schlimm wird es nicht gewesen sein, als daß es für den dramatischen Beginn einer Erinnerungsschrift ausreichen würde; und ich kann, zu meinem eigenen schriftstellerischen Leidwesen, auch nicht behaupten, daß ich mehr als einmal von einem Lehrer geohrfeigt oder gar mit dem Rohrstock über die Flure von Kadettenanstalten gejagt worden bin. Gern würde ich, wie einst der geplagte Schiller, den »naturwidrigen Beischlaf der Subordination und des Genius« für mich geltend machen, aber ich kann dies verständlicherweise nicht einmal in Ansätzen tun. Nicht nur wegen des Genius, sondern auch, weil mein kriegsversehrter und einarmiger Vater zwar streng, aber kein absoluter Herrscher war, dazu hätte es unter anderem des zweiten Armes bedurft. Die Eltern waren wohl christlich, aber nicht glaubensfanatisch. Der Krieg und die Vertreibung hatten ihre einfache, den schwäbischen Vorfahren entstammende pietistische Frömmigkeit wohl doch mehr erschüttert, als es der sonntägliche Kirchgang ihnen anmerken ließ. Mit anderen Worten: Mich hat weder besonderes Glück noch besonderes Unglück zum Schreiben getrieben. Das, was den Schreibwunsch hat heranbilden lassen, war ganz offensichtlich eine Erfahrung jenseits von Glück und Unglück. Ein unbekanntes Drittes, von dem ich bis heute nicht sicher weiß, was es der Substanz nach war, und an das ich mich heute vor allem als eine Erfahrung der Abwesenheit erinnere. Als ein eigentümliches Nichts sowohl im Bereich des inneren wie auch des äußeren Lebens. Über das innere sollte ich, schon aus Diskretionsgründen, nicht öffentlich sprechen. Und ich spreche auch nicht darüber. Doch ich spreche nicht aus Diskretionsgründen nicht darüber, sondern weil dieses damalige innere Leben nur eine äußerst poröse Präsenz hat. Weil es mir ebenso durchlöchert und erfahrungsleer erscheint wie alles andere auch, was den Gehalt und das Bild meiner Kindheit ausmacht. Da war nichts, was ich heute ausplaudern könnte. Oder höchstens die Tatsache, daß da nichts war.

Die Leere der Kindheit ist ohne Zweifel meine prägendste Kindheitserfahrung. Doch ist diese Leere nicht gänzlich gegenstandslos geblieben. Sie hat ihre speziellen Verkörperungen gefunden und sich mir zuallererst und paradoxerweise als Fülle, als eine mit Dingen vollgestopfte Welt offenbart. Ich spreche hier nicht von den würdigen Dingen, bei denen einem Germanisten gleich das Wort »Dingästhetik« einfällt. Ich spreche nicht von Rilkes Dingen, »dunkel und klug«, und schon gar nicht vom Rilkeschen »Ding der Dinge«. Ich spreche nicht vom Ding Heideggers mit seiner »verborgenen Dingheit«, nicht von Verdinglichung und auch nicht von rissig gewordenen Schuhen, dem Wasserkrug, dem mit Strohgeflecht bezogenen Stuhl, dem Deckel einer Blechbüchse. Und ich spreche auch nicht von den Dingen, die sich auf Dachböden finden, in lange verschlossenen Schränken, oder in einem Haushalt, wie ihn beispielsweise Virginia Woolf für einige Jahre geführt hat: Da gab es, wie wir aus einer nachgelassenen Inventarliste wissen, »die Eichen- und Mahagonischränke, die Binsenstühle, die messingnen Bettgestelle, die lackierten Wannen für Sitz- und Fußbäder, die gehäkelten Sesselschoner und damastenen Servietten, die kupferne Wärmflasche und die Kupferkessel, das ›Sheraton-Sideboard mit drehbarer Cellarette (Flaschenschränkchen) auf massiven Bronzefüßen‹, das Broadwood Pianoforte für den Hausgebrauch, den ›ausgestopften Otter in der Vitrine‹, das ›Paar Stierhörner und Fossilien‹, die Schiffsmodelle hinter Glas«. Von alledem spreche ich zu meinem Bedauern nicht. Denn nur weniges davon – der ausgestopfte Otter, die Schiffsmodelle hinter Glas – hätte wahrscheinlich schon ausgereicht, um aus mir, wenn schon nicht einen ostwestfälischen Proust – was nach Lage der Dinge unmöglich und eine Contradictio in adjecto ist –, so doch wenigstens einen gegenstandsfrohen Erinnerer der eigenen Kindheit zu machen. Doch es gab keinen ausgestopften Otter, es gab kein Schiffsmodell hinter Glas und erst recht kein Sheraton-Sideboard. Was es im Übermaß gab, waren Pappkartons, in denen die Waren für den Tabakwarengroß- und Einzelhandel der Eltern geliefert wurden. Pappkartons und sogenannte Collico-Kisten – Ungetüme aus Metall, die zusammengelegt zurückexpediert werden konnten und schwer wie Panzerplatten waren. Den Collico-Kisten hatte ich noch etwas abgewinnen können. Sahen sie doch wie Waffenkisten in Abenteuerfilmen aus. Die Pappkartons dagegen, die sich im Lagerraum, im Hausflur und sogar in der Wohnküche stapelten, erinnerten an nichts als an das, was sie waren. Meine Kindheit war umstellt von Pappkartons, die ausgepackt werden mußten und denen, sobald sie ausgepackt waren, auch schon neue Lieferungen folgten, die sich wiederum in den Fluren und in der Wohnküche stapelten. Wenn die Pappkartons leer waren, wurden sie zu Altpapier gemacht. Das Altpapier wurde in den Garagen gestapelt, die tagsüber mein Spielplatz waren. Mein Combray war eine Altpapierhalde, und mein Madeleine-Erlebnis der Geruch von Holzwolle und »Ernte 23«, wobei nicht vergessen werden sollte, daß auch Proust mit profanem Röstbrot angefangen hatte, bevor er dieses durch das muschelförmige Feingebäck ersetzte. Je besser der Großhandel sich entwickelte, um so größer wurden die Liefermengen und um so dauerhafter stellte sich gewissermaßen jedem meiner kindlichen Schritte ein Pappkarton in den Weg. Reicht das aus für ein Trauma? Genügt das für eine dramatische Künstlergenese? Ich befürchte nicht. Es reicht allenfalls aus für eine lebenslange Idiosynkrasie gegen Verpackungen aller Art. Und gegen Dinge, die herumstehen. Dinge, die herumstehen, bedrücken mich. Sie lösen sogar noch heute gelegentlich Atemnot in mir aus. Natürlich standen in einem Geschäftshaushalt wie dem meiner Eltern beständig Dinge herum. Nicht nur Pappkartons. Auch Werbematerialien beispielsweise. Sogenannte Aufsteller, die allerdings irgendwann umfielen und danach herumlagen. Bis sie ebenfalls zu Altpapier wurden. Überflüssig, Gottfried Benn und die Tatsache zu erwähnen, daß in meinem Elternhaus keine Gainsboroughs hingen. In meinem Elternhaus standen Werbeaufsteller, die irgendwann umfielen. In meinem Elternhaus hingen nicht nur keine Gainsboroughs, in meinem Elternhaus hing lange Zeit nicht einmal der Röhrende Hirsch. Der wurde erst angeschafft, als er in der mittelständischen Nachbarschaft längst außer Mode war und Feininger-Drucken und Klee-Reproduktionen Platz gemacht hatte. In meinem Elternhaus gab es nur die Lieferung des Tages, den Warenstrom, der sich wie eine zähe Lavamasse seinen Weg durch das Haus, durch Flure, Wohnküche und Lagerraum bahnte. Wäre der Strom damals erkaltet, will sagen: wäre der Umsatz plötzlich zurückgegangen, dann wären wir wohl alle unter ihm erstickt. Natürlich wußte ich damals nicht, daß diese mit Waren vollgestopfte Welt mir eine Kindheit der Leere verschaffte. Damals wußte ich nur, daß ich raus wollte, weg – wohin, war egal. Ich entwickelte ein heftiges Fernweh und bin spazierengegangen. Heute glaube ich, daß ich schon als sehr kleines Kind spazierengegangen bin. Aber wohin geht ein melancholisches Kind in einer ostwestfälischen Kleinstadt, wenn es spazierengeht. Es geht von einer Leere in die nächste. Es geht die Hauptstraße des Ortes auf und ab, und wenn es älter ist, geht es in den Stadtpark und schließlich vor die Tore der Stadt und hinaus in die Landschaft. Allerdings gab es keine Tore der Stadt, es gab nur die Umgehungsstraße, und jenseits von ihr das Ende der örtlichen Bebauung und die sogenannte Landschaft, die in Wahrheit gar keine Landschaft war, sondern ein leerer Raum, der aus Wiesen, Weiden und einer Kläranlage bestand und irgendwann an die Umgehungsstraße eines anderen Ortes grenzte. Wenn das fernwehkranke Kind, das ich einst war, in diese Landschaft hinaustrat, dann wurde ihm ebenso eng, dann quälte es eine ebensolche Atemnot wie zwischen den Pappkartons in seinem Elternhaus. Wenn das Kind, das ich einst war, in die Landschaft jenseits der Umgehungsstraße hinauslief, um in die Welt einzutreten, dann war ihm, als würde es unter Wasser gedrückt. Also floh das fernwehkranke Kind die Ferne und kehrte zurück zu den Waren, dem Umsatz und den Werbeaufstellern.

Diese vollgestellte und zugleich ins Leere laufende Gegenwart ist beinahe alles, woran ich mich erinnere, wenn ich mich an meine Kindheit erinnere. Virginia Woolf, die ihre Kindheitssommer in Cornwall verbracht hat, wovon sie als Autorin ein Leben lang profitierte, erwägt in einem ihrer Essays einen Moment lang, daß es auch anders hätte sein können: »Sich vorzustellen, ich könnte nur an Surrey oder Sussex oder die Isle of White denken, wenn ich an meine Kindheit zurückdenke!« Nicht auszudenken. Hätte sie statt an Cornwall an Essex denken müssen, dann wäre all das, was sie in ihrer »Skizze einer Vergangenheit« notiert, nie zu erinnern gewesen: »(...) hinter den gelben Rouleaus das Brechen der Wellen zu hören, im Lugger zu segeln, im Sand zu buddeln, über die Felsen zu kriechen und im tiefen, klaren Wasser dazwischen die Seeanemonen zu beobachten, die ihre Fangfäden spielen ließen, um ab und zu einen der kleinen Fische zu erwischen, die dort zappelten; im Eßzimmer vom Schulbuch aufzuschauen und den Wechsel des Lichtes auf den Wellen zu beobachten (. . .) Ich könnte Seiten mit einer Erinnerung nach der anderen füllen, welche die Sommer in St. Yves zum günstigsten Auftakt für ein künftiges Leben machten.« Man glaubt es der – von Lebensglück ja nicht verwöhnten – Autorin unbesehen, daß sie über beglückende Kindheitserinnerungen verfügt. (Obwohl sie auch über Traumatisches wie Mißbrauchserfahrungen zu berichten hätte.) Und man spürt zugleich, wie die Erinnerungstätigkeit selbst noch einmal zu einer Glückserfahrung wird, wie sie sich schreibend, so ihre Biographin Hermione Lee, »in ein besänftigendes Lied der

Freuden wiegt«. Wenn es so etwas wie Erinnerungsneid gibt, dann spüre ich ihn an Stellen wie diesen. Wohl hatte ich eine Kindheit, und ganz gewiß habe ich auch einmal im Sand gebuddelt oder in der Wohnküche vom Schulbuch aufgeschaut. Doch ist mir diese Gewißheit merkwürdigerweise verlorengegangen. Mich zu erinnern gehört nicht zu den Dingen, die ich gelernt habe. Die Erinnerung ist kein Familienerbe, obwohl sie beinahe das einzige ist, was die aus dem Osten vertriebenen Eltern hätten bei sich haben können, als sie sich in Westfalen niederließen. Denn sonst hatten sie nichts bei sich. Der kriegsversehrte Vater nicht mal mehr alle seine Gliedmaßen; und die damals vierundzwanzigjährige Mutter allenfalls ein Trauma, von dem ich erst vierzig Jahre später erfahren und in meinem Buch »Der Verlorene« erzählt habe. Die Eltern, die ich kennengelernt hatte, waren Eltern ohne Vergangenheit. Und das hieß für mich zuallererst: Eltern ohne Eltern. Wenn die Eltern kein Imperfekt haben, dann haben ihre Kinder kein Plusquamperfekt. Beides aber braucht man, um erzählen zu können. Es gab nichts, weder Personen noch Orte, worauf ich über meine Eltern hinaus zurückblicken konnte. Ich hatte keine Vorvergangenheit. Der familiäre Stammbaum, dessen Wurzelwerk idealerweise tief in die Erde und dessen Krone weit in den Himmel reicht, war in meinem Fall nur ein dürres Pflänzchen. Einen Großvater, eine Großmutter gab es nicht. Die Eltern kamen voraussetzungslos, im Wortsinne rückhaltlos aus der Tiefe des östlichen Raumes in das flache Westfalen. Wohl mit anderen Vertriebenen, aber ohne ihre Eltern oder gar Großeltern und auch ohne, wie mir damals schien, ein wirkliches Andenken daran. Alles, was gewesen war, schien ausgelöscht und brachte sich erst mit der Zeit und auf Umwegen erneut in Erinnerung. Wenn die Eltern Eltern ohne Eltern sind, dann sind sie auch Eltern ohne Kindheit. Daß der Mensch eine Kindheit hat, habe ich ebenfalls nicht gelernt. Die Kindheit ist kein Familienerbe, nichts, das man weitergibt, nichts, von dem man erzählt, und nichts, das gewesen ist. Der Mensch ist ein voraussetzungsloses und zugleich rückhaltloses Wesen, das keine Kindheit hat und nichts erzählt. Der Mensch ist ein Vertriebener, der aus dem Osten kommt. Oder, genauer: Der Mensch ist ein Vertriebener, der aus dem Osten kommt und Angst vor dem Russen hat. Das ist in aller Kürze mein Menschenbild. Ich habe es mit den Jahren natürlich modifiziert, aber im Grunde erweist es sich als äußerst resistent gegen jede Lebenserfahrung und jedes Dazulernen. Die Eltern haben sich, zumindest in meiner Gegenwart, niemals mehr an ihre Kindheit erinnert. Und ich bezweifle, daß sie sich auch jeder für sich oder gemeinsam an ihre Kindheit erinnert haben. Ich muß auch heute immer noch davon ausgehen, daß sie keine Kindheit hatten und daß sie auch selbst davon ausgingen, keine Kindheit gehabt zu haben. Die Eltern haben sich auch lange nicht an den Osten, den Krieg und an die Vertreibung erinnert. Nicht etwa, weil sie vergeßlich waren, sondern weil die Erfahrungen von Krieg und Vertreibung sich ihrer allzu stark bemächtigt hatten. Später erst ist mir klargeworden, daß sie sich in gewisser Weise auch gar nicht daran zu erinnern brauchten, weil sie die Erinnerung waren. Besonders der Vater, der seinen rechten Arm auf einem russischen Schlachtfeld verloren hatte und nun eine Prothese trug, war die Erinnerung an den Krieg. Für ein Kind, das den eigenen Vater nur mit Armprothese kennt, ist die Prothese allerdings keine Kriegsfolge, sondern ein natürlicher Zustand. Wobei der schwarze Lederhandschuh, der über die Kunsthand des Vaters gestülpt war, für mich in gewisser Weise das Natürlichste am Vater war. Der Mensch, und speziell der männliche Mensch, ist ein Wesen, das die eigenen Kinder so wenig wie möglich berührt. Was für mich die Konsequenz hatte, auch den Vater so wenig wie möglich zu berühren. Einzig seine künstliche Hand berührte ich, so daß wir gelegentlich beieinandersaßen und ich meine Hand auf seine Lederhand legte, die warm, weich und väterlich war. Auch die Mutter schien sich lange Zeit nicht an den Krieg und die Vertreibung zu erinnern. Und auch die Mutter war in gewisser Weise der Krieg und die Vertreibung. Auch ihr fehlte etwas, auch sie war kriegsversehrt nach Westfalen gekommen, wenngleich man es ihr nicht so ansehen konnte wie dem Vater. Ihr waren zwar keine Gliedmaßen abhanden gekommen, wohl aber der erstgeborene Sohn, mein ältester Bruder. Es muß angenommen werden, daß der Verlust des eigenen Kindes nicht nur einen seelischen, sondern auch einen körperlichen Schmerz auslöst. Daß er empfunden wird wie der Verlust eines Armes und daß er wie dieser nie zu kompensieren sein wird. Der Vater hatte immerhin eine Prothese, und die Medizin weiß heute, daß Prothesen den Phantomschmerz lindern. Die Mutter hatte keine Prothese. Ihr blieb offenbar nur die Möglichkeit, den Verlust des Kindes auszulöschen, indem sie das Kind selbst auslöschte und für tot erklärte. Der erstgeborene Sohn, mein ältester Bruder, galt vor uns Brüdern bis wenige Wochen vor dem Tod der Mutter im Jahr 1991 als tot. Doch auch für die Eltern selbst war der Erstgeborene irgendwann tot. Lieber tot als verlorengegangen. Sie zeugten drei weitere Söhne, stürzten sich manisch und bisweilen wahnhaft in die Arbeit, die »Lethe des Lebens«, mit Jean Paul zu sprechen, und wirkten so mit am Wirtschaftswunder, das sich wahrscheinlich, mehr als wir wissen, traumatischer Erfahrung und einem in Arbeit transformierten Auslöschungsimpuls verdankt. Der wirtschaftliche Aufbau der Nachkriegsjahre war, aus individualpsychologischer Perspektive betrachtet, wohl sehr oft wütende Abrißarbeit. Eine Bombardierung mit Arbeit, ein umgekehrter Flächenbrand, der nun nicht mehr Ruinen, sondern gut gefüllte Regale, wohlgenährte Menschen und sauber asphaltierte Innenstädte hervorbrachte. Auch das Geschäft der Eltern florierte, und die nach dem Krieg geborenen Söhne entwuchsen dem Kindesalter. Doch eines Tages muß etwas geschehen sein, daß alle Aufbau- und Auslöschungsarbeit wieder zunichte machte. Es gibt einen bemerkenswerten Satz in Hugo von Hofmannsthals nachgelassener Erzählung »Soldatengeschichte«, in der es heißt: »Die Erinnerungen der Kindheit lagen entblößt in seinem erschütterten Gemüt, wie Leichen, die ein Erdbeben emporgeschüttelt hat.« So ähnlich muß es wohl auch den Eltern mit ihren Kriegs- und Fluchterinnerungen und den Erinnerungen an ihren verlorenen Sohn gegangen sein. Ich weiß nicht, was für ein Erdbeben im Jahr 1959 stattgefunden hat. Aber ganz offensichtlich war der verlorene, für tot erklärte Sohn plötzlich aus seiner Unterwelt aufgetaucht, hatte den Lethestrom ein zweites Mal überquert und war aufgestiegen in die erschütterte Erinnerung der Eltern. Die Wunde, die sich nie geschlossen hatte, begann aufs neue zu schmerzen. Anders ist es nicht zu erklären, daß sich der Vater zusammen mit der Mutter im September 1959 in das Büro eines Stadtoberinspektors und Amtsvormundes namens Nolte begab, um die Suche nach dem verlorenen Erstgeborenen erneut aufzunehmen und folgende Erklärung protokollieren zu lassen: »Ich stamme aus Ostpreußen und übernahm während des Krieges als Schwerkriegsbeschädigter die Bewirtschaftung eines landwirtschaftlichen Hofes in Rakowiec. Dort lernte ich meine Ehefrau, die Erschienene zu 2, kennen. Wir heirateten 1942. Aus unserer Ehe ging das genannte Kind Günter Treichel, geb. 24.9.1943, hervor. Beim Heranrücken der Roten Armee im Januar 1945 mußten wir unseren Hof verlassen und schlossen uns mit anderen Deutschen zu einem Treck zusammen. Wir hatten die Flucht jedoch erst so spät antreten können, daß wir von der vorrückenden Armee praktisch überrollt wurden. Die Situationen, in die wir dann kamen, lassen sich im einzelnen kaum schildern. Unser Leben war wiederholt bedroht, nur mit Mühe und Not entrannen wir dem Tode durch Erschießen. Aus einer solchen Situation heraus waren wir dann gezwungen, unter Zurücklassung unserer gesamten Habe und unseres Kindes, das auf einem Pferdewagen verblieb, zu flüchten, um uns vor dem Erschossenwerden zu retten …« Es gibt einen Satz in dieser Erklärung, der für mich eine Schlüsselbedeutung hat. »Die Situationen, in die wir dann kamen, lassen sich im einzelnen kaum schildern.« Dies war die durch Schockerfahrungen gewonnene Überzeugung der Eltern, und sie taugt ganz und gar nicht zu einer poetologischen Maxime. Aber in ihr spricht sich genau das aus, was der Kriegsgeneration an Möglichkeiten zur Verfügung stand. Versprachlichung gehörte nicht dazu. Was nicht heißt, daß in meinem Elternhaus eine einödbauernhafte Stummheit herrschte. Im Gegenteil: Es wurde geredet, es wurde sogar ziemlich viel geredet, und phasenweise, wenn die Zeit es erlaubte, wurde sogar unablässig geredet. Besonders wenn andere Flüchtlinge oder Vertriebene sich im Laden oder der Wohnküche aufhielten, was oft genug vorkam. Aber dieses Reden war keines, das Informationen über die erlebten Schrecken enthielt, obwohl es für mich, den kindlichen Zuhörer, sehr wohl von Vergangenheit erfüllt war. Denn die ostpreußischen, schlesischen, pommerschen Freunde und Bekannten der Eltern waren ganz ohne Zweifel Vergangenheitsmenschen. Ihr Dialekt, aber auch ihre Kleidung und die altertümliche Höflichkeit, mit der sie einander begegneten, zeigten mir, daß sie nicht nur nicht von hier waren. Sie waren auch nicht von heute. Sie waren aus dem Osten und von gestern. Es waren Menschen, die um des Sprechens willen miteinander sprachen. Das, was sie sich zu sagen hatten, das war das Sprechen selbst. Die Vertriebenen und Flüchtlinge in der Wohnküche meiner Eltern sagten die Dinge nicht einmal, sondern wenigstens dreimal, oft genug aber noch öfter. Die Flüchtlinge und Vertriebenen wiederholten sich ständig. Heute glaube ich zu wissen, daß sie redeten, um den Schrecken zu bannen. Es war immer noch Nacht um sie, und sie mußten ihre Stimmen hören, um sich zu orientieren. Doch wenn sie einmal nicht redeten, dann verstummten sie. Dann konnten sie für lange Zeit schweigen. Manche schwiegen so lange, bis sie einschliefen, was aber niemanden störte. Auch mein Vater schlief zwischendurch gelegentlich ein. Die historische Erfahrung war so kräftezehrend gewesen, daß die Menschen in meiner Umgebung bis weit in die sechziger Jahre hinein immer noch zwischendurch einschliefen. Und wenn sie wieder erwachten, dann sah man ein Erschrecken in ihren Augen, als hätten sie eine Sünde begangen.

Eines Tages im Jahre 1959 sind auch die Eltern mit einem Erschrecken aus einem vierzehnjährigen Verdrängungszustand erwacht und haben beschlossen, ihr verlorenes Kind zu suchen. Ohne Wissen der Söhne und am Ende erfolglos brachten sie eine Odyssee abstammungsbiologischer und anthropologischer Gutachten hinter sich. Diese sollten den erbbiologischen Nachweis erbringen, daß sie die leiblichen Eltern eines Findelkindes waren, welches sie mit Hilfe des Suchdienstes in einem ostwestfälischen Kinderheim aufgespürt hatten. Das Findelkind hatte das Alter meines ältesten Bruders und war zur gleichen Zeit wie dieser auf einem Flüchtlingstreck abhanden gekommen, so daß die Eltern sehr bald fest davon überzeugt waren, daß es sich um ihr leibliches Kind handelte. Ich wage es nicht, mir auszumalen, was geschehen wäre, wäre der Nachweis gelungen und dieses Kind in unsere Familie aufgenommen worden. Nach der Katastrophe des Krieges und nach der Katastrophe der Flucht wäre es nun zur Katastrophe der Familienzusammenführung gekommen. Schon wir Brüder lebten phasenweise in einer gespannten Brüderkonkurrenz. Schon wir, die wir uns sozusagen von Anfang an kannten, waren in der Lage, die jeweils anderen wie unerwünschte Eindringlinge zu betrachten. Was wäre wohl dem vierten, ältesten und wahrhaft fremden Bruder geschehen? Zumal er als Verlorener und Wiedergefundener privilegiert gewesen wäre. Ausgezeichnet mit der Weihe des Trennungstraumas und mit der Gnade der Reinkorporation in den Familienleib. Ich jedenfalls hätte ihm, so befürchte ich im nachhinein, ein weiteres Trauma zu bereiten versucht. Ich hätte ihm nicht verziehen, daß er ein Verlorener war. Und ich hätte ihm noch weniger verziehen, nun ein Wiedergefundener zu sein. Doch zu alledem ist es nicht gekommen, weil ich weder wußte, daß der Bruder verloren war, noch daß die Eltern ihn suchten. Und ich wußte damals auch nicht, daß ich mich mit meinem zu erwartenden Bruderhaß in guter Gesellschaft befunden hätte. Findet sich doch bei Sigmund Freud der – Edmund Hitschmann zugeschriebene – Satz: »Auch der kleine Goethe hat ein Brüderchen nicht ungern sterben gesehen.« Nichts zu wissen heißt freilich nicht, der Prägung durch das, von dem man nichts weiß, zu entgehen. In meinem Fall war es die Prägung durch das in der Familie immer anwesende Gefühl von Schuld und Scham. Allerdings wußten die Eltern, wofür sie sich schämten und warum sie sich schuldig fühlten. Ich wußte es nicht. Ich spürte ebenfalls eine Schuld und eine Scham, doch waren diese Empfindungen objektlos. Was ich spürte, waren Schuld und Scham als solche. Darüber hinaus lernte ich in der Familie nicht nur, bedrückt von etwas zu sein, was es nicht gab. Hier lernte ich auch, daß man sich auf selbstverzehrende Weise nach etwas sehnen konnte, das offensichtlich nicht existierte. Ich lernte nicht nur, gegenstandslose Schuld und gegenstandslose Scham zu empfinden, ich lernte auch, daß es so etwas wie objektlose Sehnsucht gibt. Sehnsucht als solche. Ich spürte, daß die Eltern und speziell die Mutter sich sehnten, aber ihre Sehnsucht griff weit über mich hinaus in eine dunstige Ferne. Daß die Eltern sich nicht nach mir sehnten, verstand sich von selbst. Ich war ja da. Obwohl es mir gefallen hätte, wenn sie sich nach mir gesehnt hätten. Dann wäre ich noch lieber dagewesen. Es muß ein mimetischer Impuls gewesen sein, daß auch ich damit begann, mich zu sehnen. Wenn die Eltern, nachdem die Ware gestapelt und das Geld gezählt war, abends beisammensaßen, um den Feierabend zu genießen, dann genossen sie nicht, sondern sehnten sich. Und wenn ich – meist schweigend – bei ihnen saß, dann sehnte auch ich mich. Ich wußte nicht, wonach die Eltern sich sehnten. Und ich wußte erst recht nicht, wonach ich mich sehnte. Lange Zeit nahm ich an, daß die Eltern sich nach dem Osten sehnten. Zumal eines Tages ein Buch in unserem Haushalt auftauchte, was nicht sehr oft passierte. Das Buch hieß »Menschen, Pferde, weites Land«, sein Verfasser war Hans Graf von Lehndorff. Lehndorffs Buch lag viele Monate, ohne von den Eltern angerührt zu werden, auf dem Wohnzimmertisch, bevor es in die Glasvitrine gestellt wurde. Ich aber blätterte in dem Buch, sah mir die Photos an und begann schließlich zu lesen. Der Osten in dem Buch beeindruckte mich. Es war eine Gegend, in der die Menschen in Gutshäusern mit Parks, Alleen und blühenden Sträuchern oder auf Gestüten lebten. Die Kinder badeten in Seen und sonnten sich auf hölzernen Stegen, wenn sie nicht durch Wälder und über Feldwege ritten. Besonders hatte mich beeindruckt, daß im Osten die Pferde den Kindern zum Geburtstag gratulierten. In einem Kinderlied, das dem Bruder des Autors zum Geburtstag gewidmet war, hieß es: »Alle Pferde groß und klein/wollen beim Gratulieren sein.« Nachdem ich in dem Buch und speziell diese Verse gelesen hatte, war ich mir sicher, daß sich die Eltern nach dem Osten sehnten. Ich war mir aber auch sicher, daß ich mich selbst nicht danach sehnte. Pferde bedeuteten mir nichts, ich kannte kein einziges persönlich, und auf die Vorstellung, daß mir die Tiere, die auf Ostwestfalens Weiden herumstanden, zum Geburtstag gratulierten, reagierte ich eher panisch. Der Osten sagte mir ebensowenig, wie mir Ostwestfalen sagte, was ja auch eine Art Osten war. Ich sehnte mich nicht nach einer verlorenen Heimat. Ich sehnte mich aber sehr wohl nach der Erfüllung einer Leere, die meine Kindheit war. Und zugleich mußte ich feststellen, daß diese Sehnsucht sich mir als eine Art Heimweh vermittelte. Als Heimweh ohne Heimat. Ein Gefühl, von dem Eichendorff sagt: »Ich kenne diese trostlose Öde junger Seelen gar wohl, das Heimweh ohne Heimat, diese labyrinthische Selbstquälerei.« In all der – von unverarbeiteter Vergangenheit geradezu dröhnenden – Leere spürte ich plötzlich ein Heimweh, das sich auf seltsame Weise mit meinem gescheiterten Fernweh vermischte und ebenso wie dieses mit keinerlei Ziel- oder Raumvorstellung verbunden war. Ich hatte zielloses Fernweh, ich hatte ortloses Heimweh, und ich hatte außerdem – als wäre ich schon als Kind Nietzscheaner gewesen – ein schlechtes Gewissen. Nietzsche nennt das schlechte Gewissen eine »tiefe Erkrankung«, die den Menschen befiel, seit er seine Tierexistenz abgeschüttelt hat, seit er an Land gegangen beziehungsweise von den Bäumen herabgestiegen war und seine nun unbrauchbar gewordenen Instinkte durch Bewußtsein und Verinnerlichung ersetzen mußte. Nietzsches Darstellung des vom schlechten Gewissen gepeinigten Menschen als eines in den Käfig gesperrten, sich wundstoßenden Tieres, das sich ungeduldig selbst zerreißt, verfolgt, annagt und aufstört, mag als Übertreibung empfunden werden. Mir ist sie unmittelbar plausibel, als ich in ihr das Drama des in die Gewissensnöte seiner zerquälten Eltern eingesperrten Kindes entdecke. Das sich selbst annagende Tier, das ist auch das zwanghaft daumenlutschende, nägelkauende, Kopfhaare und Lippenhaut ausreißende, zähneknirschende Kind. Das Kind wäre gern, mit Nietzsche zu reden, wild, frei und schweifend gewesen;

doch statt dessen mußte es mit dem Virus des schlechten Gewissens infiziert werden. Ein Virus, das wiederum die »größte und unheimlichste Erkrankung« einleitet, von welcher die Menschheit bis heute nicht genesen ist und die Nietzsche »das Leiden des Menschen am Menschen«, die Leiden des Menschen »an sich« nennt.

Heimat und Heimatlosigkeit

Ich hatte nie geglaubt, eine Heimat in dem Sinne zu haben, wie beispielsweise ein in Westfalen geborener Westfale oder ein in Schwaben geborener Schwabe eine Heimat hat, obwohl ich ja auch selbst ein in Westfalen geborener Westfale bin. Das Westfälische war mir allerdings immer fremd, wobei, das muß ich zugeben, mir auch das Hessische fremd geblieben ist, als ich einige Zeit in Hessen zuhause war. Hier war es wiederum besonders das Osthessische, das mir fremd geblieben ist, denn ich habe in Schlüchtern gelebt und bin dort zur Schule gegangen. In Gelnhausen, wo ich auch gelebt habe, um von Gelnhausen aus zur Schule nach Hanau zu fahren, habe ich mich nicht ganz so fremd gefühlt wie in Schlüchtern, aber immer noch fremd genug. Mit anderen Worten: Das Gefühl von Heimatlosigkeit und Fremdheit ist ohne Zweifel ein Zustand, der auch überindividuell wirksam wird und mit der eigenen Herkunft nicht unbedingt etwas zu tun haben muß. Was dem einen sein fremdes Ostwestfalen ist, das ist dem anderen sein fremdes Nordbayern und dem dritten gegebenenfalls sein fremdes Südhessen. Entscheidend ist darum für mich als Autor auch nicht so sehr die Tatsache, daß man sich heimatlos und fremd in seiner Heimat fühlt. Viel wichtiger ist es, wie und auf welche Weise man sich heimatlos und fremd in seiner Heimat fühlt. Dieses »Wie« ist in meinem Fall natürlich mitbestimmt worden von dem Schicksal meiner Eltern und ihrer Erfahrung des »Vertriebenseins«.

(Aus: Staub, Alessandra Sorbello: *Hans-Ulrich Treichel. Begleitheft zur Ausstellung der Stadt- und Universitätsbibliothek Frankfurt am Main, 12. Januar–29. Februar 2000*, hg. von der Stadt- und Universitätsbibliothek Frankfurt am Main, Januar 2000)

Deine polnischen Flüche

Ich würde dir gerne von
früher erzählen: von deiner
stillen Lederhand zum Beispiel,
vom schwarzen Auto mit den
Haifischzähnen, in dem wir sonntags
durch die Wälder fuhren, und wie
seltsam deine polnischen Flüche
klangen, wenn ich stumm vor
der Blutsuppe saß.

Ich würde dir gern meine
Kindergeschichten erzählen,
und wenn ich ein Photoalbum besäße,
wir würden es öffnen und aufschrein
vor Schmerz und Gelächter: sieh
mal, wie alt wir einst waren.

(Aus: *Liebe Not*)

Vaterbild

Dieser stumme
und schwere Mann,
der mit Hut
und Mantel
durch meine
Kindheit ging,
wie über ein
schneegraues Feld.

(Aus: *Seit Tagen kein Wunder*)

Ich, der Vertriebene

Hier bin ich wieder, ich,
der Vertriebene, doch diesmal
mit dem Gesicht nach unten,
ins Gras gedrückt, in die
schwarze westfälische Erde,
in den staubigen Grunewaldsand.
Irgendwo müsst ihr doch sein,
Urahnen, ihr, meine Wurzeln,
die Tante mit Hut, der Onkel
mit Koffer, der Opa aus Sonstwo,
die rissige Holzbank, das Pferd.
Farne, Libellen und Kiesel,
warum redet ihr nicht?

(Aus: *die horen*, 206/2002)

Widmung

Euch gewidmet,
Vater, Mutter, Brüder,
zwei drei schnelle Zeilen,
eilig erdacht, flüchtig
hingeschrieben und von
Anfang an stumm.

(Aus: *Der einzige Gast*)

Anflug Kiew

Unter mir der Fluß
mit dem rollenden Namen,
er rollte durch meine Kindheit,
entsprang im Mund des Vaters,
der das Schilf schnitt am Ufer,
der den Stör fing, den Lachs,
der den weißen ukrainischen Himmel
mit schwäbischer Gründlichkeit
pflügte, Zäune zog durch die Wildnis,
nach zwei Kriegen noch immer
herumtrug im Mund und unter der
Zunge die Geräusche des Flusses,
der noch immer den Pflug zog
durch Nebel und Sumpf.

(Aus: *Das Gedicht*. Nr. 3, Oktober 1995)

Die Väter

Zuerst gehen die Väter
und lassen uns den Geruch ihrer
ledernen Schweißbänder, die gelben Häute
der Prothesen, große Siegelringe
an gedunkelten Händen.

Zuerst gehen die Väter
aus ihrem gewalttätigen Leben,
aus ihren jagenden Geschäften,
und lassen uns die steifen Hemden
und die Salzränder über
dem Herzen.

(Aus: *Liebe Not*)

Kommentar

Zeittafel

1952 Hans-Ulrich Treichel wird am 12. August in Versmold/Westfalen geboren.
1958 Einschulung in die Volksschule in Versmold
1962 Besuch der Jugenddorf-Christophorus-Schule in Versmold
1968–1970 Besuch der Ulrich-von-Hutten-Schule in Schlüchtern
1970–1972 Besuch der Hohen Landesschule in Hanau
1972–1979 Studium der Germanistik, Politologie und Philosophie an der Freien Universität Berlin
1979 Erste Staatsprüfung für das Amt des Studienrats in den Fächern Deutsch und Sozialkunde
1976 Bekanntschaft mit dem Komponisten Hans Werner Henze (*1926)
1977 *Stadtansichten. Gedichte Westberliner Autoren*, ill. von Uliane Borchert, hg. von Peter Gerlinghoff, Günther Maschuff, Hans-Ulrich Treichel
1978 *Nicht ewig auch unbelehrbar. Gedichte*
1979 *Ein Restposten Zukunft. Gedichte*
1981–1982 Lektor für deutsche Sprache an der Universität Salerno/Italien
1982 *Tarantella. Gedichte*
1984 *Aus der Zeit des Schweigens. Neun Lieder für Arthur Rimbaud. Ein Oratorium*
Atta Troll. Ein Sommernachtstraum. Dichtung von Heinrich Heine. Bearbeitung und szenische Einrichtung. Musik: David Graham
Tre opere per burattini. Musik: Hans Werner Henze u. a., Uraufführung am 16.6. in Montepulciano/Italien
Fragment ohne Ende. Eine Studie über Wolfgang Koeppen
1984–1985 Lektor für deutsche Sprache an der Scuola Normale Superiore in Pisa/Italien
1985 Leonce-und-Lena-Preis
1985–1991 Wissenschaftlicher Mitarbeiter am Fachbereich Germanistik der Freien Universität Berlin

1986 *Liebe Not. Gedichte*
Wolfgang Koeppen: *Gesammelte Werke in sechs Bänden*, hg. von Marcel Reich-Ranicki, in Zusammenarbeit mit Dagmar von Briel und Hans-Ulrich Treichel
Das Mädchen und das Ungeheuer. Szenen aus der Märchenwerkstatt. Promenadenkonzert für Sänger, Schauspieler und Instrumentalisten, Uraufführung am 4.10. (3. Jugendmusikfest in Deutschlandsberg/Österreich)

1988 *Die Fremdheit der Sprache. Studien zur Literatur der Moderne*, hg. von Jochen Schütze, Hans-Ulrich Treichel und Dietmar Voss; Stipendiat der Villa Massimo (Rom)

1990 *Seit Tagen kein Wunder. Gedichte*
Le Précepteur/Der Hofmeister. Nach Jakob Michael Reinhold Lenz. Musik: Michèle Reverdy. Uraufführung am 14.5. (2. Münchener Biennale)
Das verratene Meer. Musikdrama in zwei Akten. Nach dem Roman Gogo No Eiko von Yukio Mishima. Musik: Hans Werner Henze. Uraufführung am 5.5. (Deutsche Oper Berlin), Textbuch: Schott Musik International, Mainz 1999

1992 *Von Leib und Seele. Berichte*

1993 Habilitation (*Auslöschungsverfahren. Exemplarische Untersuchungen zur Literatur und Poetik der Moderne*)
Förderpreis des Bremer Literaturpreises

1994 *Der einzige Gast. Gedichte*

1995 Berufung zum Professor für Deutsche Literatur an das Deutsche Literaturinstitut der Universität Leipzig
Wolfgang Koeppen. Einer der schreibt: Gespräche und Interviews, hg. von Hans-Ulrich Treichel

1996 *Heimatkunde oder alles ist heiter und edel. Besichtigungen*
Knastgesänge. Drei Musiktheaterstücke für Puppenspieler, Sänger und Instrumentalisten. Variationen über vier Lieder von Hans Werner Henze. Musik: Jörg Widmann, Uraufführung am 23.3. (Theater Basel; Neufassung von *Tre opere per burattini*)

1997 *Venus und Adonis. Oper in einem Akt für Sänger und Tänzer*. Musik: Hans Werner Henze. Uraufführung am

11.1. (Bayerische Staatsoper München). Textbuch: Schott Musik International, Mainz 1996
Sinfonia N. 9. Für gemischten Chor und Orchester. Dichtung auf Anna Seghers' Roman Das siebte Kreuz. Musik: Hans Werner Henze, Uraufführung am 11.9. (Berliner Philharmonisches Orchester)

1998 *Der Verlorene;* Mitglied des PEN

1999 *Landschaft mit Leuchtspuren. Neue Texte aus Sachsen*, hg. von Kerstin Keller-Loibl, Helgard Rost, Hans-Ulrich Treichel und Jörg Schieke

2000 Poetik-Dozentur in Frankfurt am Main
Der Entwurf des Autors. Frankfurter Poetikvorlesungen
Tristanakkord. Roman
Über die Schrift hinaus. Essays zur Literatur

2002 *Der irdische Amor. Roman*
Gespräch unter Bäumen. Gesammelte Gedichte

2003 Margarete-Schrader-Preis für Literatur der Universität Paderborn; Annette-von-Droste-Hülshoff-Preis
Theaterfassung des *Verlorenen*, Uraufführung am 28.8. (Sophiensaele Berlin, Textadaption und Regie: Boris von Poser)
Drehbuch zum *Verlorenen* von Ruth Toma

2005 *Wie werde ich ein verdammt guter Schriftsteller? Berichte aus der Werkstatt*, hg. von Josef Haslinger und Hans-Ulrich Treichel
Der Felsen, an dem ich hänge. Essays und andere Texte
Menschenflug. Roman

2006 Hermann-Hesse-Preis; Kritikerpreis
Eichendorff-Literaturpreis

2007 *Südraum Leipzig. Gedichte*
Der Papst, den ich gekannt habe. Erzählung
Preis der Frankfurter Anthologie

2008 *Anatolin. Roman*

2010 *Grunewaldsee. Roman*

2011 *Endlich Berliner!*

2012 *Mein Sardinien. Eine Liebesgeschichte*

2014 *Frühe Störung. Roman*

2016 *Tagesanbruch. Erzählung*

Text- und Entstehungsgeschichte

Im Jahr 1988 erhielt der Lyriker und Librettist Hans-Ulrich Treichel ein Stipendium für die Villa Massimo Rom – doch statt der erhofften Inspiration widerfuhr ihm eine Schreibblockade, eine Krise, die schließlich den Weg zur Prosa öffnen sollte:

Weg zur Prosa/Villa Massimo

> »Ich hatte mich seit meiner Kindheit wohl nirgends so gelangweilt wie in der Villa Massimo. Die Tage in der Villa Massimo waren wie die niemals endenden ostwestfälischen Sonntagnachmittage. Ich spreche von den Werktagen in der Villa Massimo. Man stelle sich erst die Sonntage vor. An den Sonntagen stand die Zeit nicht nur still. Sie kollabierte förmlich und hauchte ihren letzten Atem aus [...] An einem dieser gleichsam in das Zeitgrab gefallenen Sonntage habe ich mich denn auch [...] an den Schreibtisch gesetzt und den ersten (für mich ernst zu nehmenden) Prosasatz meines Lebens geschrieben. Er lautete: ›Der Ort, an dem ich geboren wurde und der einmal als *Die Stadt der Würste und Schinken* in die Geschichte Ostwestfalens eingehen wird, war für mich nichts anderes als eine trübsinnige Ansammlung von Zweifamilienhäusern und Umgehungsstraßen, von Möbelgeschäften und Fleischereien‹« (*Der Entwurf des Autors*, S. 103).

Dieser Satz wird den ersten Prosaband Hans-Ulrich Treichels *Von Leib und Seele* (1992) eröffnen. Im ersten Kapitel beschreibt ein Ich-Erzähler eine westfälische Kindheit voll atmosphärischer Störungen, die sich wie Kommentare zu den zentralen Themen des *Verlorenen* lesen: das Vertriebensein, die Gespräche der Eltern über die verlorene Heimat im ›Osten‹, über ›Die Flucht‹ und die Angst vor ›dem Russen‹ (vgl. *Von Leib und Seele*, S. 12 f.). Etwas davon, »Was der Vater sagte«, erfährt man im zweiten Prosaband *Heimatkunde* (1996): Ellipsen mit Ausrufezeichen, geklopfte Sprüche, die auf den Sohn herniederprasseln, »Befehle und Arbeitsanweisungen« (12,10–11). Die Vertriebenen und ihre Kinder bekamen deutlich zu spüren, dass sie nicht willkommen oder den Einheimischen gar gleichberechtigt waren. So wurde Versmold auch für den gebürtigen Westfalen Treichel kein Heimatort, sondern nur »Station. [...] Meine Eltern sind Ver-

Versmold kein Heimatort

triebene. Das weiß man als Kind nicht. Und man weiß nicht, was das bedeutet. Aber ich habe gefühlt, dass ich woanders herkomme. Dass dieser Ort ein ganz zufälliger ist« (Eger 2000).

»Lektionen der Leere« als »prägendste Kindheitserfahrung« (*Der Entwurf des Autors*, S. 16; vgl. auch »Anhang«, 115,33–34) – sie lassen sich als autobiografisches Erfahrungsmaterial in den Texten Hans-Ulrich Treichels immer wieder finden: »Für einen Autor bleiben Kindheit und Jugend eine enorm wichtige Ressource, an der man sein ganzes Leben arbeitet« (Eger 2000); »Talent und eine unglückliche Kindheit«, konstatiert der Autor, sich Hemingways Diktum anschließend, seien die Voraussetzungen, »um ein Schriftsteller zu werden« (*Der Entwurf des Autors*, S. 14; vgl. auch »Anhang«, 113,30–31).

Kindheit u. Jugend als Ressource

Hatten für den ersten Prosaband »Kindheitsmelancholie und die westfälische Leere in einem lebensgeschichtlich überfälligen Moment in Rom und in der Villa Massimo einen Echoraum gefunden, der gefüllt werden wollte« (ebd., S. 103 f.), so wurde der mit der deutschen Wiedervereinigung einhergehende »Verlust Westberlins [...] in gewisser Weise verschoben verarbeitet, in dem sich mir plötzlich der Verlust meines ältesten Bruders im Jahr 1945 aufdrängte« (ebd., S. 46).

Erzählanlass

Der Erzählanlass ist also autobiografisch; im Nachlass der Eltern fand Treichel die Bestätigung dessen, was ihm die Mutter kurz vor ihrem Tode anvertraut hatte: Der bis dahin tot geglaubte Bruder war nicht tot, sondern auf der ›Flucht vor den Russen‹ verloren gegangen. Noch Jahrzehnte später suchten die Eltern nach dem Kind, ein strikt gehütetes, die familiäre Atmosphäre gleichwohl bedrückendes Geheimnis:

> »Der erstgeborene Sohn, mein ältester Bruder, galt vor uns Brüdern bis wenige Wochen vor dem Tod der Mutter im Jahr 1991 als tot. Doch auch für die Eltern selbst war der Erstgeborene irgendwann tot. Lieber tot als verlorengegangen. Sie zeugten drei weitere Söhne, stürzten sich manisch und bisweilen wahnhaft in die Arbeit, die ›Lethe des Lebens‹, mit Jean Paul zu sprechen, und wirkten so mit am Wirtschaftswunder, das sich wahrscheinlich, mehr als wir wissen, traumatischer Erfahrung und einem in Arbeit transformierten Auslöschungsimpuls verdankt« (ebd., S. 23 f.; vgl. auch »Anhang«, 122,19–29).

In den *Frankfurter Poetikvorlesungen* wird ein amtliches Ersuchen des Vaters aus dem Jahr 1959 mitgeteilt, das die Suche nach dem verlorenen Sohn erneut in Gang setzen sollte:

»›Ich stamme aus Ostpreußen und übernahm während des Krieges als Schwerkriegsbeschädigter die Bewirtschaftung eines landwirtschaftlichen Hofes in Rakowiec. Dort lernte ich meine Ehefrau, die Erschienene zu 2, kennen. Wir heirateten 1942. Aus unserer Ehe ging das genannte Kind Günter Treichel, geb. 24.9.1943, hervor. Beim Heranrücken der Roten Armee im Januar 1945 mußten wir unseren Hof verlassen und schlossen uns mit anderen Deutschen zu einem Treck zusammen. Wir hatten die Flucht jedoch erst so spät antreten können, daß wir von der vorrückenden Armee praktisch überrollt wurden. Die Situationen, in die wir dann kamen, lassen sich im einzelnen kaum schildern. Unser Leben war wiederholt bedroht, nur mit Mühe und Not entrannen wir dem Tode durch Erschießen. Aus einer solchen Situation heraus waren wir dann gezwungen, unter Zurücklassung unserer gesamten Habe und unseres Kindes, das auf einem Pferdewagen verblieb, zu flüchten, um uns vor dem Erschossenwerden zu retten …‹« (ebd., S. 24 f.; vgl. auch »Anhang«, 123,23–124,6).

Wie im *Verlorenen* gab es also eine konkrete Hoffnung auf ein Findelkind im entsprechenden Alter, das unter ähnlichen Umständen von seiner Familie getrennt worden war. Authentisch ist auch jene »Odyssee abstammungsbiologischer und anthropologischer Gutachten« (ebd., S. 27), die eine mögliche Familienzugehörigkeit nachweisen sollte – ohne Erfolg. Wenige Jahre nach dem Tod der Mutter beschäftigte sich Treichel erneut mit

Familiendokumente

den Familiendokumenten , vor allem mit den Familienfotos. Erste Notizen zu diesen Fotos wurden um 1995 niedergeschrieben, es sind jene Zeilen, die den *Verlorenen* eröffnen. Das Manu-

Manuskript

skript selbst entstand zwischen 1996 und 1998. Dass Autor und Ich-Erzähler nicht verwechselt werden dürfen, ist eine Binsenwahrheit, die auch und gerade für einen Text gilt, in dem sich Autobiografisches und Erfundenes überschneiden:

»Der Schein trügt insofern, als nur der Erzählgestus autobiographisch ist. Was ich eigentlich betreibe, ist die Erfindung des Autobiographischen. Der Effekt ist natürlich oft, daß es aussieht, als seien es Erlebnisse des Autors, es handelt sich jedoch um Erlebnisse des Ich-Erzählers. Da muß man differenzieren. Es ist für mich ein Impuls zu schreiben, meine Autobiographie erfinderisch wiederzugewinnen« (Stickler 1998).

Die Gemeinsamkeiten und Unterschiede zwischen Gefundenem und Erfundenem sind deutlich: Der Autor, unter Brüdern aufgewachsen, erfährt erst kurz vor dem Tod der Mutter von einem weiteren, vom vermissten Bruder; die Suche der Eltern nach diesem erfolgte heimlich. Die Bedrückung der Eltern bekommt somit einen konkreten Hintergrund, im Nachlass werden Papiere der Nachforschungen und verschiedener Untersuchungen gefunden. Treichel:

»Als ich die näheren Umstände erfahren habe, war ich schockiert über den privaten Sachverhalt, daß die Eltern so lange damit gelebt haben, ohne es in der Familie erzählen zu können [...] Ich selbst habe damals wahrgenommen, daß da etwas unbewältigt ist, ein Trauma, eine Schuld. Das war für mich das emotionale Motiv, darüber zu schreiben. Insofern bin ich in gewisser Weise froh, daß es zu dieser Schuld eine plausible Geschichte gibt. Ich habe sehr lange gebraucht, um mir davon einen Begriff zu machen, warum das so war und warum das soviel Schuld hervorgebracht hat. Denn die Eltern haben ja versucht, das Kind zu retten, allerdings ohne Erfolg« (ebd.).

Im *Verlorenen* wird der Ich-Erzähler bereits als Kind für »nun alt genug« (12,15) befunden, die Wahrheit zu hören, der Knabe aber, der zudem in jener Atmosphäre auch weiterhin leben muss, kann diese natürlich nicht reflektieren, der Schock wird auf Arnold projiziert:

»Ich begriff auch, daß Arnold verantwortlich dafür war, daß ich von Anfang an in einer von Schuld und Scham vergifteten Atmosphäre aufgewachsen war. Vom Tag meiner Geburt an herrschte ein Gefühl von Schuld und Scham in der Familie, ohne daß ich wußte, warum« (15,3–8).

Realität und Fiktion treffen in jener Situation zusammen, die die Mutter dazu bewegte, den Sohn zu verlassen: eine als lebensgefährlich betrachtete Begegnung mit ›dem Russen‹ auf der Flucht aus dem Osten in den letzten Kriegswochen. Ein unüberwindbarer Schmerz des Verlustes, der das Leben der realen wie fiktionalen Eltern prägt. Der als Einzelkind heranwachsende Ich-Erzähler hingegen lebte zunächst im Bewusstsein, einen toten Bruder zu haben, doch schon nach wenigen Seiten erfährt er, dass der Totgeglaubte am Leben ist. Und nicht nur das: Er muss die Suche nach dem Verlorenen als einen Vorgang erleben, der das Familienleben dominiert, und wird auch selbst schnell in die anstehenden Untersuchungen einbezogen. Hass und Neid wachsen in dem immer mehr vernachlässigten Jungen (vgl. Stemmer-Rathenberg 2003, S. 28).

Der vermisste reale Günter Treichel (in einigen Dokumenten Schreibweise mit ›h‹) erhält im Text den – realen wie fiktiven – Vaternamen ›Arnold‹. Auch die Nummer des Findelkindes ›2307‹ sowie die lokale und soziale Herkunft sind identisch (Kleinbauern aus Rakowiec). Autor und Ich-Erzähler verbringen ihre Kindheit in den ›Wirtschaftswunderjahren‹ Westfalens, der soziale Aufstieg der Eltern im Handel ermöglicht einen bescheidenen Wohlstand (unter anderem einen Opel Admiral und einen Fernseher). Der reale Vater handelte nicht mit Fleisch-, sondern mit Tabakwaren; die Fleischfabrik aber gehört zum Bestand der Kinderängste des Autors: Von ihr erzählte »man sich beängstigende Geschichten [...], die meine kindliche Phantasie erregten und quälten und die mir den Genuß von Fleisch und Wurst bis heute zu einer verbotenen, mit hungrigem Widerwillen erfüllten Lust gemacht haben« (*Von Leib und Seele*, S. 8). Auch von brüderlichen Zwistigkeiten, »endlosen Demütigungen« (ebd., S. 9), ist zu lesen, und in den *Frankfurter Poetikvorlesungen* bekennt sich Treichel gar zu einem »zu erwartenden Bruderhaß«, wäre der »als Verlorener und Wiedergefundener« Privilegierte in der Familie aufgetaucht (*Der Entwurf des Autors*, S. 27; vgl. auch »Anhang«, 126,15).

Vater

Da Literatur meistens aus dem Erfahrungshaushalt der Schreibenden schöpft und eine Art Spielvorlage für ein »Was-wäre-wenn« ist, lässt sich *Der Verlorene* durchaus als »Konjunktiv seiner Kindheit « (Stickler) lesen. »Entscheidend«, so Treichel, »ist die Erfahrung der eigenen Ich-Disponibilität [...] Die Erfin-

»Konjunktiv seiner Kindheit«

dung des Autobiographischen entlastet vom Authentizitätsdruck. Schreibend stelle ich fest, daß ich nicht der sein muß, der ich bin. Schreibend stelle ich fest, daß ich vieles erinnere und vieles auch vergessen habe, daß ich das Erinnerte aber ›umerinnern‹ und das Vergessene gegebenenfalls zurückerfinden kann. Und schreibend stelle ich ebenfalls fest, daß es mir nicht nur Vergnügen bereitet, aus mißlichen Erfahrungen bessere zu machen, sondern auch bessere Erfahrungen in mißliche zu verwandeln« (*Der Entwurf des Autors*, S. 112).

Deutungsansätze und Textstruktur

Novelle

Der vom Verlag unbezeichnet gebliebene Prosatext erhielt von den Rezensenten, sofern sie sich nicht mit ›Buch‹, ›Text‹ oder ›Prosaband‹ begnügten, unterschiedliche Gattungsbezeichnungen: ›Erzählung‹, ›Novelle‹, ›Roman‹.

Der Verlorene ist eine Novelle. Auch wenn sich die Literaturwissenschaft darin einig ist, dass sich diese Erzählform kaum eindeutig definieren lässt, bietet sich eine solche Zuschreibung dennoch an.

H. Aust

Laut Hugo Austs grundlegender Untersuchung (vgl. Aust 1990) steht die Novelle zwischen Anekdote und Roman. Sie ist eine »Erzählung mittlerer Länge« mit einem Umfang zwischen zwanzig- und vierzigtausend Wörtern, was ermöglicht, sie »in einem Zug zu lesen« (ebd., S. 9) – *Der Verlorene* umfasst etwa dreißigtausend Wörter. Bekannt ist Johann Wolfgang von Goethes (1749–1832) Definition der Novelle als »eine sich ereignete unerhörte Begebenheit« (zu Eckermann, 29. 1. 1827).

J. W. von Goethe

> »›Begebenheit‹ stellt die pronominalisierte Form dessen dar, was einem widerfährt und sich so erzählen läßt. Als Erlebnis in diesem ›passiven‹ Sinn steht es im Gegensatz zur Aktivität des Handelns und begründet das Bild der Novelle als einer weltanschaulich bestimmbaren Form. Denn gerade Geschehnisse, die nicht als selbstverantwortet erscheinen, sondern ›begegnen‹, stellen das Substrat eines Lebenssinns dar, in dem Zufall und Schicksal, Einbruch und Wende, Bestimmung und Notwendigkeit ihren charakteristischen Ort einnehmen« (Aust 1990, S. 10).

Für den Ich-Erzähler von Treichels *Verlorenen* und damit für die Novelle ist die Tatsache, dass der totgeglaubte Bruder vermutlich lebt und möglicherweise in die Familie integriert werden soll, eine ›unerhörte Begebenheit‹ in eben jener Doppeldeutigkeit – sowohl im Sinne des Außergewöhnlichen als auch des Neuen (ital. novella: Neuigkeit; lat. novus: neu). Es »widerfährt« ihm, sein Handeln wird in zunehmendem Maße von außen bestimmt, er wird be-handelt.

Auch die Mündlichkeit, mit der dem Ich-Erzähler und also dem Leser jene »Begebenheit« mitgeteilt wird, zählt zu den Strukturmerkmalen der Novelle und nicht zuletzt – der oft erzählerisch nur behauptete, hier aber im Kern reale – »Anspruch auf Tatsächlichkeit« (ebd., S. 10), auf »das Wahre« (ebd., S. 12). Gefordert wird von der Novelle des Weiteren Geschlossenheit der Darstellung und Konzentration auf ein Geschehen (Suche nach dem verlorenen aus der Perspektive des verbliebenen Sohns), das auf »einen zentralen Konflikt konzentriert ist, das in einem bestimmten zentralen Symbol zur Anschauung kommen kann« (Arnold, Heinz Ludwig/Heinrich Detering [Hg.]: *Grundzüge der Literaturwissenschaft*, München 1997, S. 681): »Es zeichnet Treichel aus, daß er nicht psychologisieren muß, um dem Leser diese Bruderkonstellation zu gegenwärtigen und als Ausgangspunkt jener Identitätskrise kenntlich zu machen, die im Zentrum seiner Erzählung steht« (Rathnow 1998).
Dramatische Spannung und deutliche Wendepunkte der Handlung (was unter anderem durch die diversen Untersuchungsergebnisse zugleich bedient, durch deren Unentschiedenheit aber auch unterlaufen wird) sowie sprachökonomisches Erzählen (z. B. Vorausdeutungen wie jene Foto-Anatomien des Anfangs, die die anatomischen Untersuchungen vorwegnehmen) sind weitere Kriterien, für die die einschlägigen Definitionen der Novelle zutreffen.
Schließlich ist auch der in der Novellentradition oft verwendete Rahmen zumindest motivisch vorhanden: Der Blick auf ein Photo von Arnold im Familienalbum eröffnet den Text, am Schluss sieht das Erzähler-Ich den vermutlichen Bruder leibhaftig. Ein Schaufenster gibt dem Gesehenen einen Rahmen, lässt es bildhaft erscheinen und nimmt somit das Fotomotiv des Anfangs wieder auf. Zugleich ist jene Szene ein Rückverweis auf eine andere Textstelle, die die Identitätskrise des Erzählers mittels eines Spiegels sinnfällig machte:

> »Ich wollte niemandem ähnlich sein, und schon gar nicht meinem Bruder Arnold. Die angeblich verblüffende Ähnlichkeit hatte die Wirkung, daß ich mir selbst immer unähnlicher wurde. Jeder Blick in den Spiegel irritierte mich. Ich sah nicht mich, sondern Arnold« (38,32–39,2).

In der Schlussszene heißt es: »Als ich durch die Schaufensterscheibe das Findelkind 2307 sah, erschrak ich und bemerkte sofort, daß Heinrich aussah wie ich. Ich sah in dem Laden mein eigenes, nur um einige Jahre älteres Spiegelbild« (107,8–12). Zudem wird nun der Blick erwidert und mit der unbeschwerten Fröhlichkeit des Arnold aus dem Fotoalbum ist es vorbei: Der Leser erfährt, wie des Erzählers »Gegenüber hinter den Scheiben fahl wurde und bleich im Gesicht« (107,25–26). Man kann davon ausgehen, dass dem ›Verlorenen‹ nun Ähnliches widerfährt wie dem Erzähler: Er sieht durch die Scheibe den Anderen, in dem er zugleich sich selbst erkennt, »Doppelgänger, die sich ihre Verlorenheit gegenseitig bestätigen« (Hinz 1999). Inwiefern es sich bei solcherart Erkennen nicht doch nur um eine Projektion des Protagonisten handelt, bleibt freilich offen.
Auch die beneidete Platzierung im Familienalbum – noch vor den Hochzeitsbildern – und die unstillbare Sehnsucht der Eltern, v. a. der Mutter, nach dem *Verlorenen* verkehren sich ins Gegenteil: Scheinbar am Ziel, kehrt die inzwischen verwitwete Mutter dem Findelkind den Rücken zu, fährt mit ihrem verbliebenen Sohn davon.

Ich-Erzähler

In allen vor dem *Verlorenen* publizierten Prosatexten verwendet Hans-Ulrich Treichel einen Ich-Erzähler, erst in den beiden folgenden Romanen *Tristanakkord* (2000) und *Der irdische Amor* (2002) wechselt er zu einem personalen ›Er‹. »Mit dem bösen Blick vom Rand des Geschehens her hat der Autor [...] alle seine [...] Ich-Erzähler ausgestattet [...] Treichels Ich-Erzähler sind Meister der humoristischen Subversion« (Löffler 1998). Der Erzähler wird zu Treichels Alter ego (Hage 1998, Kammler/Krallmann 1999), eine Figur, die in das Geschehen einbezogen werden kann. Das ›Ich‹ in der Literatur ist »die schlichteste und die tückischste Form der Verkleidung; wer mit autobiographischem Zungenschlag ›ich‹ sagt, hat sich zugleich die persönlichste und
V. Hage allgemeinste Maske gewählt« (Köhler 1998). Nach Volker Hage ist für Hans-Ulrich Treichel »das ›Ich‹ während des Schreibens [...] zu einer Figur, einer Art dritten Person geworden«, deshalb

müsse er »kein Geheimnis aus dem autobiographischen Hintergrund machen. Der Autor [...] kennt genau jenen paradoxen Kippvorgang beim Schreiben, den schon Max Frisch für das ›erzählerische Ich‹ ausgemacht hat. In Treichels Worten: ›Deshalb schreibe ich in der Ich-Form – weil ich nicht so nah an mir dran sein möchte‹« (Hage 1998, S. 248).

> »Ohne Zweifel gehört dieser Erzähler in die von Oskar Matzerath angeführte Schar tückischer deutscher Literatursöhne. [...] Was dieser dicke Knabe arglos, zutraulich, gutgläubig, grollend, bekümmert mitzuteilen hat, ist in Wirklichkeit ein ganzes Panorama deutscher Trivialitäten und Platitüden« (Schulz 1998).

Insofern ist er nicht nur »der Bruder des Grass'schen Blechtrommlers«, sondern auch der »des Kindes aus Andersens Märchen über des Kaisers neue Kleider« (Krätzer 1998).

Was für ein ›Ich‹ aber spricht? Wird hier zwar »mit dezenter Selbstironie, aber doch unmittelbar aus dem kindlichen Erleben heraus« (Magenau 1998) erzählt, »im Schutze der kindlichen Perspektive« (Köhler 1998), mit der »Unbefangenheit der kindlichen Perspektive« (Schöwing 1998), die eine »meist beschränkt-naive Perspektive« (Nuber 2001) ist? Und welches Alter hat jenes Kind – ist es »halbwüchsig« (Hagestedt 1998), konkret »10 oder 11 Jahre« (Asmussen) oder »13-jährig« (Schmidt-Mühlisch 1998, Stemmer-Rathenberg 2003)? Oder ist es doch »ein erwachsener Ich-Erzähler«, der »zurück auf seine Kindheit [blickt]« (Rathnow 1998, s. a. Genazino 1998), sind es »Kindheitserinnerungen, aus der Perspektive späterer Jahre, aber dennoch ganz dicht bei ihnen geblieben« (Schmidt-Mühlisch 1998)?

Alter u. Zeitrahmen

Das Alter des in die Handlung verstrickten Kinder-Ichs sowie der Zeitrahmen (die meisten Rezensenten legen sich auf die 1950er-Jahre fest, wenige auf die 1960er) sind nur schwer zu bestimmen; allein verschiedene Requisiten – etwa Automarken oder der Fernseher – geben eine gewisse Orientierung: Mitte der 1950er- bis Mitte der 1960er-Jahre. Geschäftliche Veränderungen, Hausumbauten, Anschaffungen und Alltagsrituale deuten ebenfalls auf einen größeren Zeitraum. Da das 1944 geborene, nur »um einige Jahre ältere« (107,11) Findelkind am Schluss der

Novelle »fast schon volljährig geworden« (102,27–28) ist, darf man wohl von einem ähnlichen Jahrgang von Autor und Ich-Erzähler ausgehen. Desgleichen deuten viele geografische Hinweise, die zudem bereits in anderen Texten auftauchten, auf die Heimat- bzw. Herkunftsgegend Hans-Ulrich Treichels als Ort der Handlung. Das Ich bleibt so namenlos wie Vater und Mutter; die Eltern sprechen zu ›ihm‹ oder über ›ihn‹, weder Mutter noch Vater reden ›ihn‹ oder sich mit Namen an, auch die außerfamiliären Gesprächspartner verzichten auf eine Anrede. Nur zu Anfang erfährt der Leser, dass der verlorene Arnold den Vaternamen trägt: auch dies »Lektionen der Leere«. Der eigene Name ist das formale Minimum für Identitätszuweisung; der Name, der nicht genannt werden darf, der Name, der, einmal ausgesprochen, einen Fluch aufhebt, Erlösung herbeiführt, ist ein Grundmotiv vieler Märchen und Mythen.

Ort der Handlung

Position des Ich-Erzählers

Die Position des Ich-Erzählers des *Verlorenen* ist von besonderer Raffinesse: Das erlebende ist oft kaum vom erzählenden, distanzierten Ich zu trennen, was sowohl das berichtende Protokoll des Kinder-Ichs ermöglicht, eine »höchst parteiische« (Kammler/Krallmann 1999), »naiv-narzißtische Perspektive« (Hagestedt 1998), als auch die trockene Lakonik eines kommentierenden beziehungsweise korrigierenden (nicht benannten, doch stets vorhandenen Erwachsenen-)Ichs. Auch wenn es Passagen gibt, die das Ich als ein ganz naiv und unmittelbar reagierendes zeigen – die Skala reicht von erschrockener Verunsicherung des erlebenden Ichs bis zur simplicianischen Schlitzohrigkeit des Erzähler-Ichs –, festzuhalten bleibt, dass der Autor »auf den falschen Tonfall einer bloß nachgespielten Kindernaivität verzichtet« (Genazino 1998). Und stets bleibt es die »Perspektive des Marginalisierten« (Rathnow 1998).

Die Wirkung des Textes entfaltet sich besonders dort, wo sich beide Erzählinstanzen in die Hände spielen, etwa in der Beschreibung der Familienausflüge als genussfreie Pflichtveranstaltungen und »wahre Schuld- und Schamprozessionen« (16,10). Gegen diese wehrt sich das psychosomatisch sensible Kind mit Erbrechen. Die Eltern kapitulieren und lassen den Sohn zu Hause,

»was für mich zu den schönsten Kindheitserinnerungen zählt.

Um genau zu sein: vor allem der erste Sonntag, den ich im Haus verbringen durfte, zählt zu den schönsten Kindheitserinnerungen. Wobei es im wesentlichen die erste Viertelstunde nach dem Weggang der Eltern war, während der ich mich rundum glücklich und frei gefühlt habe. Nachdem diese Viertelstunde vorüber war, stellte sich ein bedrückendes Gefühl von Beklemmung und Verlassenheit ein, dem ich durch verschiedene Ablenkungen zu entkommen suchte« (18,15–25).

Aber auch diese Ablenkungen geraten zum Desaster. Wie hier eine Stimmung enggeführt wird, aus einer »schönsten Kindheitserinnerung« Beklemmung erwächst, die dennoch grotesk und komisch wirkt, ist typisch für die Erzählweise in Treichels *Verlorenem*. Ein stilistisches Mittel dieser Engführung ist die gehäufte Verwendung von Konjunktionen und Adverbien. In der Betrachtung des Fotos, mit der *Der Verlorene* beginnt, sind dies: außerdem, während, zumeist, schon, überhaupt, beispielsweise, allerdings, wiederum, so daß, darüber hinaus, sondern auch.

Stilmittel: Engführung

»Diese Methode der nachträglichen Korrektur und fortgesetzten Präzisierung eines Sachverhalts bewirkt eine immer stärkere Verfremdung, ja Irrealisierung des Erzählten. Die ironische Brechung erlaubt es Treichel, eine im Grunde furchtbar traurige Geschichte ins Komische und Groteske zu treiben, nicht nur um der Gefahr der Sentimentalisierung zu entgehen, die bei Kindergeschichten immer droht, sondern um den Leser in einer Distanz zum Geschehen zu halten, die Erkenntnis erst möglich macht« (Rathnow 1998).

Sprache der Sprachlosigkeit

Kindergeschichten? Was wird denn erzählt vom Kindsein des Protagonisten? Zunächst fällt auf, was nicht erzählt wird – der Alltag des Kindes jenseits des Elternhauses: Keine Freunde oder gar Freundinnen, keine Spielnachmittage, kein Schulalltag, keine Streiche, kein Lektüreerlebnis, kein Fußballplatz, kein Kino. Sogar durch die Stadt radelt der Junge allein und begegnet niemandem. Die Fotos im Fotogeschäft – antwort- und trostlos wie die Eltern – scheinen die einzige ›menschliche‹ Beziehung zu den

Mitbewohnern dieser Kleinstadt zu sein, veranlassen den Jungen aber gleich zu Gedanken über die Vergänglichkeit des Menschen. Auch und gerade solche ›Leerstellen ‹ (im nun mehrdeutigen Sinne) konstituieren diesen Text.

Leerstellen

Doch trifft es nicht zu, dass es keinerlei Berührungen mit der Außenwelt gäbe. Aber diese Kontakte sind – betreffen sie nicht Arnold – ausnahmslos über die geschäftlichen Interessen der Eltern, welche die des Vaters sind, bestimmt. Der Vater nimmt den Sohn mit auf Verkaufstouren und lässt ihn bei den Kundengesprächen zuhören. Bei den durchaus vergnügten, wenn auch immer gleichen Gästerunden anlässlich der ritualisierten Schweinehirnfestessen darf der Junge ebenfalls nicht fehlen. Doch wird er nie in die Gespräche einbezogen, und die sonntäglichen Familienausflüge verlaufen ohnehin stumm. Spricht die Mutter, so spricht sie über Arnold, spricht der Vater, so über das Geschäft. Es wird nie mit dem Jungen gesprochen, allenfalls zu ihm oder über ihn. »Dem Vater reichten kurze Befehle und Arbeitsanweisungen« (12,10–11), die ein Gespräch unmöglich machen. Nur ein einziges Mal sprach der Vater »zu mir wie zu einem Freund. Oder zumindest wie zu einem Kunden. Er wollte mich um etwas bitten. Der Vater hatte mich noch nie um etwas gebeten« (34,24–27). Doch ging es nur um die Vorbereitungen jener anatomischen Vergleichsstudien, zu denen der Sohn als Objekt benötigt wurde. Immerhin bekam er diesmal die eine oder andere Antwort – Arnold betreffend.

Einbahnige Kommunikation

Immer wieder versucht er diese einbahnige Kommunikation zu durchbrechen. Es spricht für die Sprachökonomie des Textes, dass nur in einer Szene – der Leser ist längst im Bilde – die verzweifelten Bemühungen des Jungen ausführlicher geschildert werden. Auf der einzigen Reise, die die Familie unternimmt, nach Heidelberg und natürlich Arnolds wegen, versucht der Ich-Erzähler, ganz kindgemäß, ein Gespräch zu beginnen über die soeben erlebten medizinischen Untersuchungen, über sein Ungemach, über Beobachtungen am Wegesrand: »worauf sie aber nicht reagierten«; was er bemerkte, »rief keine Wirkung hervor, lediglich der Vater zischte ein ›Genug jetzt!‹« (74,6–7 u. 15–16). Es ist eine jener Textpassagen, wo die im Zusammenhang mit dem *Verlorenen* zitierte Beckett'sche Wendung, dass nichts komischer sei als das Unglück, nicht greift. Wie dieser Junge, einem Hund gleich um die Eltern streunend, immer wieder auf sich zurückgeworfen wird, ist voll Unglück und Trauer. Zugleich kommt es in dieser Szene zur einzigen Geste der Zärtlichkeit der von Scham und Prüderie gezeichneten Eltern, die Mutter lehnt ihre Wange an Vaters Schulter: »Ich hatte zuvor noch nie gesehen, daß die Mutter ihren Kopf auf diese Weise neigte, und aus irgendeinem Grund machte mich das traurig« (74,32–34).

Der Junge ist aber nicht nur bedauernswertes Opfer, sondern trägt durchaus auch unsympathische Züge. Immerhin wünscht er sich den Tod des Bruders, auch denkt er nicht eine Sekunde über die Situation Arnolds nach – egozentrische Amoralität aus verwehrter Geborgenheitserfahrung. Da es ihm nie widerfahren ist, hat er auch nie gelernt, solidarisch zu sein, empathisch zu empfinden.

Beobachten u. Zuhören

Eines hat der Junge allerdings gelernt: Beobachten und Zuhören. Und genau davon lebt der Text, v.a. davon, wie dieser Knabe den Erwachsenengesprächen lauscht – den Sorgen der väterlichen Kundschaft, dem Geschwätz der Schweinehirn essenden Festmahlsrunde, den Verlautbarungen der medizinischen Gutachter, dem Geplauder eines Leichenwagenfahrers, den Gesprächen, Auseinandersetzungen und Mitteilungen der Eltern. Es sind Szenen, in denen jene beiden Ich-Erzählinstanzen sehr genau verfolgt werden können. Ein rein rezeptives Verhalten also wird vorgeführt, ein Verhalten, das, wenn auch unfreiwillig, dem des heutigen Medienkonsumenten ähnelt. Von den Printmedien, dem Radio und dem soeben in Mode gekommenen Fernsehen erzählen gleich die ersten Seiten. Doch bleibt dem Erzähler selbst dort, wo zum einen die kommunikative Einbahnigkeit in der Natur der Sache liegt, zum anderen eine Chance zur Verbindung zur Außenwelt läge, ein unbeschwerter Umgang verwehrt. Aus dem Radio dringen beunruhigende russische Laute, vor dem Fernseher muss der Junge stets gewärtig sein, vom Vater zu irgendwelchen Arbeiten geschickt zu werden – »Wer fernsieht, arbeitet nicht« (21,12–13) – oder sich in Grund und Boden schämen zu müssen, sollten Szenen der Zärtlichkeit gezeigt werden. Tante Hilde schließlich führt vor, dass allein die Wochenschrift *Unsere Kirche* ohne Angst vor Sünde annehmbar ist. Tante Hilde, »eine der medienabstinentesten Personen, die ich je kennengelernt habe« (21,18–19), zieht die absurde Konsequenz aus solcherart Prüderie, indem sie sich mit dem Rücken zum Fernseher setzt: »Die Tante lauschte der Stimme, aber in den Bann der Bilder wollte sie nicht geraten« (22,29–30). Und obwohl das väterliche Geschäft einst eine Leihbücherei war, spielt das Lesen keine Rolle im Familienleben, das neue Fleischgeschäft hingegen schon.

Erst im Nachhinein, im Erzählen des Gehörten und Beobachteten, kann das ›Ich‹ das verordnete Schweigen durch »pirouettenartig sich bildende Erzählschleifen« (Tammen 2001, S. 203) brechen. »In meinem Fall«, so Hans-Ulrich Treichel, »war es wirklich so, dass Kindheit eine Dimension von Sprach- und Erfahrungslosigkeit hatte. Und der Wunsch, diesen Leerraum anzufüllen, mit Erfahrung zu rekonstruieren, hatte sich sehr früh entwickelt…, das Bedürfnis, diesem Schweigeraum eine Geschichte zu geben« (Wilczek 2003, S. 33).

Kindheit als Schweigeraum

Es ist eine »präzise, scheinbar spröde Sprache, mit der Treichel die Gegenstände spiralförmig umkreist, immer stärker ironisch funkelt, sarkastisch wird und schließlich Gleichnischarakter annimmt« (Hinz 1999). Viele Rezensenten fühlten sich »durch die häufigen Wiederholungen und ironischen Hyperbeln stilistisch an das Vorbild Thomas Bernhard erinnert« (Geisenhanslücke 2002), »Sätze von bernhardscher Intensität« (Ebel 1998), »bernhardsche Suaden« (Hagestedt 1998, Köhler 1998). In der Tat: Liest man in Treichels Habilitationsschrift beispielsweise das Kapitel »Auslöschung als Verfahren: Thomas Bernhard«, so lassen sich schnell Zuschreibungen finden, die sich auch für den *Verlorenen* anbieten: »Auslöschungssuada«, »dies bis zur Groteske gesteigerte Insistieren«, »kindliche Tötungs- und Vernichtungswünsche«, »der Zwang zur hypertrophen, sich selbst übersteigernden Wiederholung,«, es »changieren beide Haltungen: Schuldgefühl und Schuldverleugnung«, nicht zuletzt spielen Dokumente und Fotos eine wichtige Rolle (Treichel, Hans-Ulrich: *Auslöschungsverfahren*, München 1995, S. 52–65). Außerdem bietet bereits der Titel von Bernhards Spätwerk *Auslöschung. Ein Zerfall* (1986) genügend Assoziationsmöglichkeiten, und viele Rezensenten benutzten die verbalisierte Form, um das, was

Th. Bernhard

Treichels Ich-Erzähler widerfährt, zu beschreiben: Das verbliebene Kind wird von der Familie ausgelöscht, verliert seine Identität, wird zum eigentlich ›Verlorenen‹.

Doch stellte solche Aufzählung die Novelle in den Schatten des Epigonenhaften, bliebe sie unkommentiert. Zunächst muss nicht jeder Text, der von »hypertrophen Wiederholungen« geprägt ist, von Bernhard'schem Einfluss künden, Belege aus der zeitgenössischen Literatur ließen sich genug finden, z. B. bei Andreas Maier, Gerhard Kelling oder Michael Lentz, auch erschöpft sich die genuine Autorensprache nicht in solchen Auffälligkeiten. Ein wesentlicher Unterschied zwischen Treichel und Bernhard liegt darin, dass das Bernhard'sche Auslöschungsbegehren – und dessen Behauptung – im *Verlorenen* gänzlich fehlt: Zwar wird der Ich-Erzähler in der Tat selbst immer mehr zum ›Verlorenen‹, seine Identität droht zu entschwinden, doch wird die Auslöschung vorgeführt und nicht antithetisch zum Schreibprozess herbeikommentiert. Der Wunsch des Ich-Erzählers, die ihn bedrohende Brudersuche bzw. der Bruder selbst mögen verschwinden, ist etwas anderes; weder Figur noch Erzähler insistieren auf Auslöschung. Aber auch auf die thematische oder poetologische Nähe zu anderen Autoren verwiesen die Rezensenten: auf Peter Weiss, Wolfgang Koeppen, Heinrich Böll, Günter Grass, F. C. Delius oder Christoph Hein.

Wahrlich suadenhaft sind die diversen medizinischen Gutachten, die den Nachweis der Familienzugehörigkeit des Findelkindes 2307 erbringen sollen, ein »Einbruch des abweisend-selbstverliebten Wissenschaftsjargons in die Sprachlosigkeit der Familie als Groteske« (Rathnow 1998). Was aber von den meisten Rezensenten als »kurzweilige Wissenschaftssatire« (Ebel 1998), als »Wissenschaftsgroteske« (Kammler/Krallmann, 1999, Schulz), als »kafkaesk« (Stemmer-Rathenberg 2003) beschrieben wird, ist Realsatire: Formulierungen und Wortschatz gleichen jenen, die der Autor in den Dokumenten fand.

Sich ein Bild machen …

Familienalbum

Die Novelle beginnt mit einem Blick ins Familienalbum, dem »seit Ende des 19. Jahrhunderts […] massenhafte[n] Medium privater Selbstvergewisserung« (Hinz 1999), »das in seiner Verbindung von Normierung und Individualisierung für die kleinbürgerlich-moderne Gedächtniskunst par excellence steht« (Rathnow 1998). Ein Strahlemann von Bruder prangt da »gleichsam lebensgroß« (10,34) auf dem ersten Blatt, und »während mein Bruder Arnold schon zu Säuglingszeiten […] wie ein bedeutender Mensch aussah« (10,8–10), kann der Erzähler auf seinen, »weit hinten« einsortierten Bildern, die zudem »kleine, wenn nicht winzige Photos waren« (9,19 u. 22), nur Fragmente seiner selbst erkennen: »der rechte Arm, die halbe Gesichtshälfte oder wie auf dem Schwimmbadphoto ein Auge« (10,23–24) – Versehrtenphotos, eine »nur teilweise Anwesenheit meiner Person« (10,25–26), das Familienalbum ein pathologischer Müllhaufen.

Fotografische Präsentation

Die fotografische Präsentation entspricht der familiären Präsenz: Noch nicht einmal im wörtlichen Sinne machten sich die Eltern ein Bild von ihrem verbliebenen Sohn. Arnold absorbiert alle elterliche Aufmerksamkeit; der Name ›Arnold‹ stammt aus dem Althochdeutschen und setzt sich zusammen aus ›Adler‹ (arn) und ›herrschen‹ (walton).

War der um sein Foto-Glück beneidete, doch immerhin tote Bruder etwas, womit der Ich-Erzähler trotz mütterlicher Tränen einigermaßen leben konnte, wird der nach den elterlichen Auskünften nun offenbar doch nicht auf der Flucht Verhungerte als Untoter schnell zur Bedrohung: Wenn dem ›Verlorenen‹ schon jetzt alle elterliche Aufmerksamkeit gilt, was soll erst werden, wenn sich jenes Findelkind tatsächlich als der Vermisste herausstellt und familiäre Aufnahme bevorsteht? Erste Fotos von Arnold – offensichtlich gab es selbst vom Findelkind verwertbare Aufnahmen – schüren auf Grund brüderlicher Ähnlichkeit die Hoffnung der Eltern, motivieren die zunehmend obsessiv werdende Suche nach Beweisen für die Familienzugehörigkeit. Tante Hildes grotesk anmutende Furcht vor dem ›Bann der Bilder‹ bekommt solcherart eine gewisse Daseinsberechtigung – das

Foto Arnolds pflanzt Neid und Angst in das Bruderherz, es ist permanentes Trauerobjekt und Schuldmahnmal der Eltern, v. a. der Mutter. Außerdem verweist jene fotografische Ähnlichkeit auch auf die schon erwähnten Spiegelbild-Stellen.
»›Der Junge‹, sagte der Vater, ›ist dir wie aus dem Gesicht geschnitten‹« (37,25–26). Das Kind reagiert sofort psychosomatisch: Die Schnitte spürend, verzerrt sich sein Gesicht zu einem unnatürlichen Grinsen. Trotz der von den Ärzten attestierten Trigeminusneuralgie können die Eltern damit nicht umgehen, reagieren auf die ihrer Meinung nach unangemessene, freche Belustigung des Sohnes aggressiv. – ›Grinsen‹ ist wortgeschichtlich mit ›greinen‹ (weinen) verwandt, und des Erzählers Gesichtsentgleisungen haben damit physisch wie psychisch zu tun. – Die Eltern liegen mit ihrem Empfinden bzw. mit der diesbezüglichen Empfindlichkeit dennoch so falsch nicht, ergeht es doch dem Leser oft genug wie dem Kind: »Der Autor beschreibt eine Groteske, die innerhalb des familiären Systems keine sein durfte« (Genazino 1998), und auch der Leser muss »fast wider Willen grinsen« (Ebel 1998). Nicht zuletzt scheint der Tic gleichsam ein Notventil zu sein für die kindliche Existenz. Da in der Familie »weder offen noch versteckt gelacht« (Genazino 1998) werden darf, bricht sich ein zum Grinsen mutiertes Lachen die Bahn, was wiederum eines Alibis – in diesem Fall der Krankheit – bedarf. Bezeichnenderweise zerbricht nach dem Tod des Vaters auch die Hoffnung auf einen väterlichen Partner in Person von Herrn Rudolph in genau solch einem Augenblick: Jener reagiert aggressiv und verständnislos wie einst der Vater, als dem Jungen wieder einmal die Gesichtszüge entgleisen. W. Genazino
Die Ähnlichkeit der vermutlichen Brüder und der dazugehörigen biografischen Daten setzt die Prozedur diverser ›anthropologisch-erbbiologischer Abstammungsgutachten‹ in Gang. Während Fingerabdruck und selbst Blutentnahme vom Erzähler noch mit gelassener Neugier beschrieben werden, muss er die zweite Etappe, die fotografischen Aufnahmen, bereits als herben Eingriff an seiner und damit in seine Persönlichkeit erleben. Vom Hang zu Kurzhaarschnitten, dem der Vater sehr zum Leidwesen des Sohnes frönte, der »weder wie ein russischer Häftling noch wie ein deutscher Lagerkommandant herumlaufen« woll-

te, erfuhr der Leser schon in »Was der Vater sagte« (*Heimatkunde*, Frankfurt/M. 1996, S. 21). »Ein inneres Maß hatte seine Toleranzgrenze auf Frontsoldaten- beziehungsweise Lagerinsassenlänge festgelegt«, heißt es im *Verlorenen*, doch »erst das notwendige Bildergutachten erlaubte dem Vater, sein Idealmaß durchzusetzen und meinen Kopf bis auf die Haut freilegen zu lassen« (45,5–8). Ein extra »weißes Hemd mit Schillerkragen« musste her, und während »Vorder- und Seitenaufnahmen routiniert« erledigt wurden, widmete sich der Fotograf »der Hinterkopfaufnahme mit äußerster Sorgfalt« (44,8–9). »Die Hinterkopfaufnahmen gehören gewiß zu den sorgfältigsten Aufnahmen, die jemals von mir gemacht worden sind« (45,8–10), und ebenso gewiss gehören sie zum Demütigungsrepertoire, dem der Junge immer wieder ausgeliefert ist, und zur bitter-ironischen Grundierung der Erzähltons. Dass in diesem Zusammenhang auch der Aufwand um die im Familienalbum prangende Aufnahme Arnolds zitiert wird – »Der Mann war mitsamt seiner Ausrüstung eigens aus der Kreisstadt Gostynin nach Rakowiec auf den Hof der Eltern gekommen, sogar die weiße Wolldecke hatte er mitgebracht« (45,30–33) – zeigt einmal mehr die Mehrschichtigkeit der Erzählersituation.

Jene fotografischen Anatomiesplitter entsprechen denen der physischen Reduktion in den medizinischen Begutachtungen: Der Körper wird zu einem Konglomerat aus Finger- und Fußabdruck, aus Nasenflügel und Bauchspeckfalte, aus Dingen, von denen der Erzähler (und Leser ohne Medizinstudium) nicht einmal wusste, dass es sie gibt: Kopfhöcker und Helix, Spiralwirbel und Tierohrspitze. Für den Erzähler sind dies Erfahrungen tiefster Verunsicherung, wird in der Familie Körperliches – von Sinnlichkeit ganz zu schweigen – doch generell ausgeblendet. Er schämt sich seines Körpers nun umso mehr, als seine Anatomie ins Monströse zu (ver)wachsen droht. Die Fragmentarisierung der Person in den medizinischen Untersuchungen geht einher mit der Marginalisierung des verbliebenen Sohnes in der Familie und einem zunehmenden Ich-Verlust, Vorstufen eines Prozesses, an dessen Horizont die vollständige Auslöschung droht.

Fragmentarisierung der Person

Andererseits wird auch dem Jungen klar, dass er seine Eltern und v. a. den Vater körperlich kaum wahrgenommen hatte. Angesichts der nackten väterlichen Füße räsoniert der Sohn mit einem nun anatomisch geschärften Blick:

»Vom Vater kannte ich den Kopf, den Hals, die Hände und einen Teil der Unterarme. Alles andere hatte ich nie zu Gesicht bekommen, und es war mir bis zu diesem Moment auch ganz natürlich erschienen, daß der Körper des Vaters nicht aus Fleisch und Blut, sondern aus gestärkten Hemden, einem Anzug mit Weste und Lederschuhen bestand« (57,3–9).

Die in anderen Texten Treichels stets erwähnte väterliche Armprothese fehlt hier, muss aber vermutlich mitgedacht werden, da dem Vater ansonsten russische Kriegsgefangenschaft gedroht hätte (vgl. Würtz 1998).

Auch mit der Mutter gibt es eine Schlüsselszene körperlichen Unbehagens. Nachdem ein erstes Gutachten die Familienzugehörigkeit des Findelkindes 2307 als »in hohem Maße unwahrscheinlich« (47,29) zurückwies und Arnold damit »ein weiteres Mal gestorben« (47,30–31) war, begann die Mutter den verbliebenen Sohn zu liebkosen:

»Manchmal geschah es, daß sie [...] mich an sich drückte, meinen Kopf mit ihren Händen bedeckte und fest an ihren Bauch drückte. Dort blieb mir die Luft weg, und ich begann zu schwitzen, während ich spürte, wie erst der Bauch und dann die ganze Mutter bebte. Ich wollte nicht an den Bauch der Mutter gedrückt sein, und ich wollte nicht, daß die Mutter bebte, während ich an ihren Bauch gedrückt war. Doch je weniger ich atmete, um so mehr drückte sie mich an sich, fast, als wollte sie mich in ihren Bauch hineindrücken. Aber ich wollte nicht in den Bauch der Mutter hineingedrückt werden, ich wollte gar nicht gedrückt werden. Früher hatte mich die Mutter nie gedrückt, und jetzt wollte ich nicht mehr gedrückt werden« (48,6–19).

Die Szene besitzt eine deutliche libidinöse Komponente, Empfängnis und Geburt werden simultan und als umgekehrter Freudscher Ödipuskomplex aufgerufen. Sie beschreibt eine mehrfache Kompensation: für vermisste partnerschaftliche wie familiäre Zuneigungsgesten, für einen verlorenen Lebenssinn und für die dem ›Verlorenen‹ nie gegebene Zärtlichkeit, vielleicht sogar für die am verbliebenen Sohn versäumte. Letztlich ist aber auch jenes von der Mutter ritualisierte Zärtlichkeitsbegehren eine Variante der Auslöschung: Hatte sie Arnold einst einer fremden Frau »in die Arme gedrückt«, soll nun der anwesende Sohn »in den Bauch hineingedrückt«, wieder Fötus werden – doch wohl kaum, um als er selbst, sondern allenfalls, um als Ersatz-Arnold wiedergeboren zu werden.

Verlorener Sohn, verhasster Bruder oder Fleisch von meinem Fleisch

Familiäre Katastrophen, Geschwister- und Adoleszenzprobleme, Entfremdung und Instrumentalisierung des Nächsten, Verlust und Sehnsucht nach dem Verlorenen zählen zum Grundbestand menschlicher Erfahrung und also zum Motivreservoir der Weltliteratur. Dazu gehören auch »bedrohte, verlorene, geopferte Kinder«, sie »bildeten seit eh und je den Mittelpunkt ethischer, theologischer und philosophischer Allegorien«, die dem »bildlichen Gehalt nach einer literarischen Tradition an[gehören], die bis in die Antike zurückreicht [...] Der Körper des verlorenen, getöteten Kindes markiert den Beginn einer nie zu bewältigenden Trauer, den gravierenden Verlust von Lebenssinn« (Eshel 1998, S. 64).

»Mythische Grundierung des Stoffes«

Über die »mythische Grundierung des Stoffes« (Rathnow) sind sich die Rezensenten einig. Die Zuweisungen reichen von einer »Variante des Mythos von Narziß oder vom Schrecken der Medusa« (Hagestedt 1998), über Kain und Abel (Hagestedt 1998, Schmidt-Mühlisch) bis zum Gleichnis vom verlorenen Sohn aus dem Lukasevangelium (Ebel 1998, (Hinz 1999, Krätzer 1998, Rathnow 1998, Schulz 1998, uls 1998). Selbstbezogenheit und Schreckensbildnis mit dazugehöriger Metamorphose der Protagonisten in Blume oder Stein sind als Auslöschungsvarianten der Person treffende Bilder für die Bedrohung der Erzählerfigur, die biblischen Mythen hingegen taugen als Folien für den Stoff der Erzählung.

Kain u. Abel

Kain und Abel verkörpern die erste Arbeitsteilung der sesshaft gewordenen Menschen: Der erstgeborene Kain ist Ackerbauer, Abel Viehzüchter. Die dem göttlichen Vater dargebrachten Opfer fallen entsprechend aus: »Und der HERR sah gnädig an Abel und sein Opfer; aber Kain und sein Opfer sah er nicht gnädig an« (1.Buch Moses 4). Die Folgen sind bekannt, das Kainsmal ist Ursymbol mörderischen Bruderhasses. Im neutestamentarischen Gleichnis vom verlorenen Sohn zieht der jüngste Sohn aus freien Stücken davon, gut ausgestattet mit dem väterlichen Erbteil, das er in der Ferne verprasst. Als er mittellos und reumütig zurückkehrt, veranstaltet der Vater ein Freudenfest, macht Geschenke und schlachtet das beste Mastkalb. Der daheim gebliebene, brave Sohn ist empört, wurde er doch solcher Zuwendung nie teilhaftig. Auf sein verstörtes Nachfragen hin erhält er zur Antwort: »Dieser dein Bruder war tot und ist wieder lebendig geworden; er war verloren und ist wieder gefunden« (Lukas 15, 11–32). Natürlich muss nicht jede Geschichte vom verlorenen Sohn oder vom Bruderhass als biblisches Palimpsest gelesen werden, archetypische »Modelle von Menschheitserfahrung« (Franz Fühmann) sind diese aber allemal. Zunächst fällt auf, dass sich die hier zitierten biblischen Stoffe in der Benachteiligung der erstgeborenen Söhne durch den (göttlichen resp. leiblichen) Vater überschneiden: Beide erleben diesen Vorgang als Marginalisierung ihrer Person zu Gunsten des Nachgeborenen. Sie erhalten keine Erläuterungen des ihnen unverständlichen Verhaltens des Vaters und erfahren nichts von den Motiven einer solchen Behandlung. Die Antwort des leiblichen Vaters erklärt nichts, und der HERR hat ohnehin das Privileg zu schweigen. Der durch väterliche Willkür hervorgerufene Schmerz wird auf den Bruder projiziert und führt im Alten Testament zur Ermordung Abels durch Kain, im Neuen Testament in abgemilderter Form zur Verärgerung des daheim gebliebenen Sohnes. Kain rächt sich für die ›Auslöschung‹ seiner Opfergabe, indem er Abels Lebenslicht ›auslöscht‹.

Gleichnis vom verlorenen Sohn

Der verbliebene Sohn im *Verlorenen* ist der Nach-, nicht der Erstgeborene, ein Möchtegern-Kain, der die Rache am imaginären Bruder nur im Kopf vollziehen kann. Der in der Bibel daheim gebliebene Sohn, namenlos wie Treichels Ich-Erzähler, ist traurig und wütend über ein ihm vom Vater bis dato verwehrtes Fröhlichsein, er bleibt dem Willkommens- und Schlachtfest fern. Jenes Fröhlichsein wird auch dem Sohn im *Verlorenen* verwehrt, er aber muss den Festen beiwohnen und wird mit Schweinekopf- und Schweineblutvarianten kulinarisch tyrannisiert.

Negatives Zitat

Das in der Bibel erzählte Geschehen wird im *Verlorenen* gleichsam negativ zitiert: Im Gleichnis vom verlorenen Sohn gibt es abenteuerlustiges Fernweh, ein ausgezahltes Erbe, das Prassen in der Fremde sowie des verlorenen Sohnes Heimkehr. Der Verlorene bei Treichel verlässt weder die Heimat noch die Eltern freiwillig, nichts, noch nicht einmal sein Name konnte ihm mitgegeben werden, vom Hunger auf der Flucht wird erzählt, der Sohn bleibt so verloren wie die Heimat. Die den verbliebenen Sohn quälenden Essensrituale von Schweine(!)fleisch ersetzen sowohl die bäuerlichen Schlachtfeste der einstigen Elternheimat als auch das biblische Willkommensfest für den verlorenen Sohn. Mehr noch: Der väterliche Fleischgroßhandel inflationiert die biblische Schlachtung zur Feier der Heimkehr. Das Festopfer verliert seine Exklusivität, verschwindet im permanent verfügbaren Surrogat und steht für den sozialen Aufstieg durch Profitmaximierung. Das ›Mastkalb‹ wird vom ›goldenen Kalb‹ verdrängt. Wie wichtig dem Vater Geld ist, zeigt sich in der absurden Aufbewahrung der Asche verbrannten Geldes, das Konservenglas ist der Reliquienschrein eines weiteren Verlusts.

Als das Kühlhaus ausgeraubt wird und die Fleischwaren verderben, wird dies zur Leichenfeier für den Vater. Ein Synonym für »sterben« ist »den Weg allen Fleisches gehen«, für »Verstorbener« hält unsere Sprache den Euphemismus »Heimgegangener« bereit. Zum Schluss der Novelle wird man den verlorenen Sohn »immerhin in einem Fleischerladen gefunden zu haben glauben« (Schulz 1998); auch bei diesem also ist das Schlachtfest, das er zudem sich selbst bereiten muss, zum Arbeitsalltag verkommen, seine Berufswahl bestätigt in ironischer Weise die väterlichen Gene.

Aber »anders als im biblischen Gleichnis ist es bereits die potentielle Wiederkehr, die den verbliebenen Sohn nicht nur eifersüchtig macht, sondern seiner Existenz beraubt« (Rathnow 1998). Für die Eltern ist dessen »Anwesenheit nur das Zeichen eines Mangels, Symbol für das Fehlen eines anderen« (ebd.), und genau hier und nicht in der als Rettungsakt vollzogenen Weggabe ihres Erstgeborenen liegt »die eigentliche Schuld der Eltern [...], indem sie nicht in der Lage sind, wenigstens ihren zweiten Sohn als ein Wesen *sui generis* zu lieben« (Hagestedt 1998; sui generis: einzigartig).

Auch der ›Verlorene‹ wird zum Symbol, zur Chiffre, zur Metapher: Er »spiegelt die Sehnsucht nach den verlorenen ostdeutschen Provinzen« (Auffermann 1998), wird zur »Allegorie der Nachgeschichte des Nationalsozialismus« (Eshel 1998), zur »gespensterhafte[n] Chiffre der Macht, die die unbewältigte Vergangenheit über die Gegenwart behält« (Geisenhanslücke 2002). Arnold »steht stellvertretend für einen umfassenden, elementaren Verlust« (Hinz 1999), wird zum »Inbegriff für alles Verlorene und damit Wiederzufindende einer Epoche: der verlorenen Unschuld, der enteigneten Existenz, der begrabenen Lebensfreude« (Köhler 1998).

Jene Leere versuchen die Eltern mit der strengen Ordnung ihres Alltags zu füllen, der immer mehr, bis zur grotesken Steigerung, ritualisiert wird. Die Kompensation jedoch misslingt: Mangelnde Genussfähigkeit verdirbt dem Kind jede, den Eltern fast alle der Unternehmungen, seien es Feste, Ausflüge oder Fernsehen, ganz zu schweigen von Urlaub oder Reisen, denn: »Wer sein Haus verläßt, dem wird sein Haus geplündert und zerstört« (77,6–7)., lautet eine der Maximen, und dass ausgerechnet sie sich erfüllt, ist eine der bösen Pointen des Buches. Nach der Rückkehr von der einzigen, nur wenige Tage dauernden Reise nach Heidelberg finden die Eltern zwar nicht ihr Haus, doch das Kühlhaus geplündert. Das Kühlhaus aber war für den Vater der Stein gewordene Inbegriff für Aufstieg und Erfolg. Diese Zerstörung seines Lebensinhaltes überlebt er nicht.

Nachkriegsdeutschland

Nicht zuletzt führt uns *Der Verlorene* »ein Nachkriegsdeutschland in spießig-dröhnender Wohlstands- und Wohlanständigkeitssehnsucht« vor, »ein Gehege, gebaut aus Verdrängung und verschatteter Fortschrittsgaukelei« (Tammen 2001, S. 202). Vom Einzelhändler hat man es zum Großhändler gebracht, vom Buckeltaunus zum Opel Admiral und einer ganzen Lieferwagenflotte, das Radio wird durch den Fernseher ersetzt, selbst das Haus, eine »mythische Kindheitshöhle […], fällt dem Arbeits- und Modernisierungswahn zum Opfer, es wird entkernt […] und damit erinnerungslos und beliebig« (Hinz 1999). Jene Insignien des Wirtschaftswunders korrespondieren mit den Erfahrungen des Autors, dessen Kindheitshaus der

»inzwischen zu Tabakwareneinzelhändlern gewordenen Eltern vollgestellt wurde mit den Kartons der Lieferanten. [...] Das Haus war voll – und die Vergangenheit leer. Es war freilich eine von Schuldgefühlen und Schockzuständen erfüllte Leere, die die Eltern mit Strenge, Frömmigkeit und einem bis zur Selbstzerstörung reichenden Arbeitsfleiß zu bekämpfen und zu mildern suchten. Ein Arbeitsfleiß, der den irgendwann zum Besitzer eines Opel Kapitän gewordenen Vater in den Herzinfarkt trieb [...] und der bundesrepublikanischen Gesellschaft zu einem sicher nicht geringen Teil das [ermöglichte], was man das Wirtschaftswunder nennt. Zumindest glaube ich heute zu wissen, dass dieser fast panische Fleiß, den ich bei meinen Eltern und ihren Bekannten aus dem Osten kennen gelernt habe, ein psychologisch zwar niemals heilsamer, volkswirtschaftlich aber äußerst folgenreicher Versuch war, den Schrecken der persönlichen Katastrophen zu bannen.« (Treichel, Hans-Ulrich: »Das Schweigen der Vertriebenen«, in: *Financial Times Deutschland*, 23./24.3.2002).

Beitrag zur Mentalitätsgeschichte der BRD

Hans-Ulrich Treichel liefert mit dem *Verlorenen* »einen originär literarischen Beitrag zur Mentalitätsgeschichte der Bundesrepublik « (Rathnow) und zur »inneren Geschichtsschreibung seiner Generation« (lm 1997). In diesen Zusammenhang gehören auch »der dargestellte Russenhaß, der eine kaum mehr zu bremsende Eigendynamik entwickelt, [...] die moralische Last der Naziverbrechen sowie die Bürde der Integration der Vertriebenen« (Hagestedt 1998).

Die Verbrechen des Nationalsozialismus kommen im *Verlorenen* nur indirekt zur Sprache, im »doppelten Boden« (Ebel 1998) des Verfahrens zur Verwandtschaftsbestimmung, »das unmittelbar an nationalsozialistische Praktiken der Ahnenbestimmung anknüpft«, an die nationalsozialistische ›Rassenkunde‹ und ›Erbbiologie‹ (Geisenhanslücke 2002, und andere). In jene Passagen der Novelle eingebettet ist die Plauderei eines Leichenwagenfahrers über das neue Krematorium der Stadt Heidelberg und dessen Direktor, der, um die Leistungsfähigkeit der Öfen vorzuführen, die übrig gebliebenen Knöchelchen aus der frischen Asche polkt und daran herumnagt. Eine Szene, die »die Gegenwart und Nachwirkung der Shoah unmißverständlich evoziert«, doch bleibt

»der Erzählmodus auch hier frei von jedem moralisierenden Ton. [...] Vielmehr laufen Bild und Rhetorik auf die Verkehrung von pompösen Gesten, auf das Entblößen des leeren Sprechens von der Notwendigkeit des Neinsagens hinaus: Auf das Angebot des Direktors, ›Knöchelchen‹ zu kauen und somit, metaphorisch, die zivilisatorische Grenze zu überschreiten, antwortet der quasi aufgeklärte Leichenwagenfahrer mit der hohlen Formel: ›Alles hat seine Grenzen.‹ Es ist die ironische, nicht aufklärende Evokation des Historischen, also die Grammatik des unvorstellbaren zivilisatorischen Bruchs« (Eshel 1998, S. 71).

Die langen Schatten des Dritten Reichs

Doch bemerkt keiner der Beteiligten die »langen Schatten des Dritten Reichs« (Köhler 1998). Im Gegenteil, man lebt mit ihnen: Als der Vater mit dem ebenfalls heimatvertriebenen Medizinprofessor ins Gespräch kommt, wird »ein ganzes Spektrum polnischer und antislawischer Vorurteile exponiert. Daß solche und andere Stereotypen zur Entstehung des Konflikts beigetragen haben, der auch zum Verlust des Sohnes geführt hat, erkennt allerdings nur der Leser« (Nuber 2001, S. 274). In diesen Zusammenhang gehören auch die mit den vom Vater geschätzten Kurzhaarschnitten verbundenen Assoziationen und jene Szene, in der die verlotterten Nebengebäude abgerissen werden, eine »›Polenwirtschaft‹ [...], binnen einer Woche dem Erdboden gleichgemacht« (49,32–50,15). Besonders deutlich werden die Ressentiments in jenen Szenen, in denen von ›dem Russen‹ die Rede ist:

»Der Russe hatte den Eltern alles genommen. Ich war überzeugt davon, dass der Russe auch mir alles genommen hatte. Der Russe war schuld. Auch daran, dass ich schlechte Zähne hatte, zum Blockflötenunterricht gehen musste, mir kein Herkulesfahrrad mit Gangschaltung kaufen durfte, übergewichtig und für die Ostwestfalen ebenfalls eine Art Russe war. Ohne den Russen wäre ich höchstwahrscheinlich ein glückliches Kind gewesen. Mit dem Russen war ich ein Mensch, der keine Heimat hatte. Allenfalls eine Russenheimat. So wie auch die Freunde und Bekannten der Eltern allenfalls eine Russenheimat hatten. Wobei diese Russenheimat auch in Polen, Ungarn, Rumänien oder sonst wo sein konnte« (Treichel,

Hans-Ulrich: »Der Lastenausgleich«, in: *Frankfurter Rundschau*, 25. 1. 2001).

Die Trias aus Naziverbrechen, Russenhass und Vertriebenenproblematik, die die Geschichte der Bundesrepublik wie die des Autors und seines Protagonisten verdunkelte, wird gleichsam nur in den Wahrnehmungen der Schattenrisse beschrieben. Werden in der Literatur Deutsche als Opfer im Zweiten Weltkrieg gezeigt, besonders als Opfer von Flucht und Vertreibung, so gehört es zum Rezensentenritual, vom Tabubruch zu reden – so auch beim *Verlorenen*. In der Tat: Zu groß war die Täterschuld der Deutschen, als dass ein unbefangener Umgang hätte möglich sein können. Doch ist, wie auch Hans-Ulrich Treichels eigene Recherchen zeigen, die Lage keineswegs so einfach:

Flucht u. Vertreibung

> »Wenn heute wieder die nicht ganz neue These diskutiert wird, dass das Schicksal der Vertriebenen lange Zeit tabuisiert worden ist, weil es politisch nicht opportun war, über die Deutschen als Opfer zu sprechen – es sei denn, man zählte sich zu den Verbandsfunktionären oder revanchistisch gesonnenen Träumern von Großdeutschland –, dann schüttle ich den Kopf und nicke zugleich. Ich schüttle den Kopf, weil sich genügend Belege – Filme, Romane, Biografien, wissenschaftliche Dokumentationen und so weiter – finden lassen, die sich dem Thema Flucht und Vertreibung widmen. [...] Und ich nicke zugleich, weil mir meine Erinnerung plausibler erscheint, als es meine Einsichten in die Überlieferung sind und mein Wissen um den Dokumentationsstand. Diese Erinnerung sagt mir: Da war nichts« (»Das Schweigen der Vertriebenen«, a. a.O.).

S. Feuchert

Der von Sascha Feuchert herausgegebene Band *Flucht und Vertreibung in der deutschen Literatur* (Frankfurt/M. 2001) vermittelt einen guten Überblick zum diesbezüglichen Stand der Forschung. Untersuchungen jüngerer Zeit verweisen immer wieder auf Winfried Georg Sebalds Poetikvorlesungen zu *Luftkrieg und Literatur* (München 1999), die eine erneute Debatte über die Desiderata in der deutschen Nachkriegsliteratur anstießen. Hans-Ulrich Treichel verwies darauf, dass

W. G. Sebald

> »es seit 1945 sehr wohl zahlreiche Autoren [gab], die sich dem Thema Flucht und Vertreibung zugewandt haben. Was

die Bombardierungen angeht, so hat Sebald schon auf einige Titel hingewiesen und seiner Argumentation damit auch ein wenig den Boden entzogen. Hans Erich Nossacks *Der Untergang* (1976), der von der Zerstörung Hamburgs erzählt, wäre da zu nennen sowie Heinrich Bölls nachgelassener Roman *Der Engel schwieg* (1992) oder Gerd Ledigs [...] Roman *Vergeltung* (1956) [...]. Wer recherchiert, wird darüber hinaus auf weitere Texte stoßen, was auch für das Thema Flucht und Vertreibung gilt. Genannt seien nur die Namen Siegfried Lenz, Arno Surminski, Heinz Piontek, Horst Bienek, Arno Schmidt oder auch Günter Grass, den Ferdinand Helbig, Autor einer der wenigen größeren Studien über Literatur und Vertreibung, einen ›Vertreibungsautor wider Willen‹ nennt« (ebd.).

Siehe SBB 51

Auf einige neuere Buchtitel, die Flucht und Vertreibung thematisieren, sei noch verwiesen: Peter Härtling, *Große, kleine Schwester* (1998) und *Leben lernen* (2003); Günter Grass, *Im Krebsgang* (2002); Tanja Dücker, *Himmelskörper* (2003); Christoph Hein, *Landnahme* (2004).

Flucht und Vertreibung sind aber nicht nur ein deutsches Problem, schon die Bibel beschreibt sie als Urerfahrung des Menschen. Literatur ist immer auch »Literatur des Verlusts – gemeint ist damit eine Grundfunktion der Literatur, Verlorenes zu restituieren und Fehlendes zu ergänzen« (Nuber 2001, S. 279).

In diesem Sinne ist Hans-Ulrich Treichels Novelle *Der Verlorene*, die in über zwanzig Sprachen übersetzt wurde, nicht nur, sondern auch »eine deutsche Parabel« (Hinz 1999) und eine »Metapher für die Generation, die aufwuchs im Schatten von Entwurzelung, Verunsicherung, gefährdeter Identität und politisch schuldhaften Versagens der Eltern« (Schmidt-Mühlisch 1998). Und es ist ein Buch der Trauerarbeit über einen sehr persönlichen Verlust:

»Günter blieb verschwunden, bis heute, und es wäre vielleicht an der Zeit, eine weitere Suche nach ihm aufzunehmen. Denn der Suchdienst arbeitet noch immer. Noch immer gehen dort jedes Jahr 1000 bis 4000 neue Anfragen nach Vermissten jener Jahre ein. [...] Erst seit einigen Jahren sehe ich mich in der Lage, nach den Voraussetzungen zu fragen und mich für die Historie zu interessieren. Und erst seit einiger Zeit weiß ich, wie sehr es mich freuen würde, meinem Bruder Günter gegenüberzutreten. Heute, fast 60 Jahre danach« (Treichel, Hans-Ulrich: »Das Schweigen«, in: *Geo Epoche Nr.9. Deutschland nach dem Krieg 1945–1955*, Hamburg 2002, S. 102).

Danksagung

Ich danke Hans-Ulrich Treichel für die hilfreichen Gespräche und Hinweise und die vertrauensvoll gewährten Einblicke in Dokumente.

Literaturhinweise

Bibliografien und Monografien

Basker, David: *Hans-Ulrich Treichel*, Cardiff 2004

Schaefer, Thomas: »Hans-Ulrich Treichel«, in: Arnold, Heinz Ludwig (Hg.): *Kritisches Lexikon zur deutschsprachigen Gegenwartsliteratur*, München 10/99

Staub, Alessandra Sorbello: *Hans-Ulrich Treichel. Begleitheft zur Ausstellung der Stadt- und Universitätsbibliothek Frankfurt am Main, 12.1.–29.2.2000*, hg. von der Stadt- und Universitätsbibliothek Frankfurt am Main, Januar 2000

Sekundärliteratur und Interviews

Arend, Ingo, »Ich ist unwahrscheinlich«, in: *Freitag*, 6.3.1998

Asmussen, Peter: »Der Verlorene«, in: *Buchkritik.at*, unter *www.buchkritik.at/kritik.asp?IDX=186*

Auffermann, Verena: »Das Gespenst der Familie«, in: *Süddeutsche Zeitung*, 7./8.3.1998

Balzer, Jens: »Flüchtling 2307«, in: *Das Sonntagsblatt*, 27.3.1998

Ebel, Martin: »Die Suche nach dem Bruder«, in: *Stuttgarter Zeitung*, 5.6.1998

Eger, Christian: »Am antiwestfälischen Schutzwall«. Interview, *Mitteldeutsche Zeitung*, 8.6.2000

Eshel, Amir: »Die Grammatik des Verlusts. Verlorene Kinder, verlorene Zeit in Barbara Honigmanns ›Soharas Reise‹ und Hans-Ulrich Treichels ›Der Verlorene‹«, in: Gilman, Sander L. u. Hartmut Steinecke (Hg.): *Deutsch-jüdische Literatur der neunziger Jahre. Die Generation nach der Shoah*, Berlin 2002, S. 59–74

Feldmann, Joachim: »Aus der Kindheit«, in: *Am Erker* 35/1998, S. 115–116

Friedrich, Detlef: »Borstenvieh und Schweinespeck«, in: *Berliner Zeitung*, 4.9.2003 (zur Theateraufführung des *Verlorenen*)

Geisenhanslücke, Achim: »Geschichte und Abwesenheit im Roman der neunziger Jahre. Anmerkungen zu M. Beyers ›Flughunde‹ und H.-U. Treichels ›Der Verlorene‹«, in: *Literatur im Unterricht* 2/2002, S. 177–185

Genazino, Wilhelm: »Komisches Unglück«, in: *Frankfurter Rundschau*, 25.3.1998

Hage, Volker: »Auf der Suche nach Arnold«, in: *Der Spiegel*, 23.3.1998, S. 244–249

Hagestedt, Lutz: »Wer ist Findelkind 2307?« In: *Badische Zeitung*, 31.3.1998

Henschel, Gerhard: »Emsfelde regiert. Der Erzähler Hans-Ulrich Treichel«, in: *Merkur* 4/2003, S. 344–347
Hinz, Thorsten: »Eine deutsche Parabel«, in: *Bayernkurier*, 30. 1. 1999
Hirsch, Helmut: »Immer wieder eine Entdeckung: Kindheit«, in: *Berliner LeseZeichen* 6/1999, unter http://www.berlin-chronik.de/Lesezei/blz99_06/text19.htm
Jähner, Harald: »Aufstrebende Flügelrandschweifung«, in: *Berliner Zeitung*, 25. 4. 1998
Kammler, Clemens und Matthias Krallmann: »›Ich wollte niemandem ähnlich sein ...‹ Hans-Ulrich Treichels Erzählung ›Der Verlorene‹ als Beitrag zur inneren Geschichtsschreibung der Nachkriegsgeneration«, in: *Der Deutschunterricht* 4/1999, S. 99–102
Köhler, Andrea: »Der Nachgeborene«, in: *Neue Zürcher Zeitung*, 28. 3. 1998
Krätzer, Jürgen: »Vom Blutsuppenkaspar«, in: *neue deutsche literatur* 2/1998, S. 163–166
Kübler, Gunhild: »Vermessungswahn«, in: *Die Weltwoche*, 2. 4. 1998
Liersch, Werner: »Eine Suche, bei der niemand findet«, in: *Berliner Morgenpost*, 30./31. 5. 1998
lm: »Der Verlorene. Eine Erzählung von Hans-Ulrich Treichel in der F.A.Z.«, in: *Frankfurter Allgemeine Zeitung*, 28. 10. 1997
Löffler, Sigrid: »Der untote Bruder«, in: *Die Zeit*, 26. 3. 1998
Magenau, Jörg: »Schamjahre. Zwischen biologischem Gutachten und Kosmonautenprüfung: Hans-Ulrich Treichel, Caritas Führer und Kathrin Aehnlich erzählen von deutschen Kindheiten in Ost und West«, in: *die tageszeitung*, 20. 3. 1998, S. 20
Naumann, Klaus: »Die Frage nach dem Ende. Von der unbestimmten Dauer der Nachkriegszeit«, in: *Mittelweg 36* 1/1999, S. 21–32
Neujahr, Doris: »Tragische Familiengeschichte«, in: *Junge Freiheit*, 24. 9. 1999
Nuber, Achim: »Hans-Ulrich Treichel: Der Verlorene«, in: *Passauer Pegasus* 31/32/1998, S. 193–195
–: »Kindheit und Jugend im Zeichen von Flucht und Vertreibung. Hans-Ulrich Treichels ›Der Verlorene‹ im Kontext zeitgenössischer Biographieerzählungen«, in: Feuchert, Sascha (Hg.): *Flucht und Vertreibung in der deutschen Literatur*, Frankfurt/M./Berlin u. a. 2001, S. 265–280
Rathnow, Thomas: »Das Phantom der Familie«, in: *Der Tagesspiegel*, 14. 6. 1998
Schmidt, Sabine: »Der verlorene Sohn.« Interview, in: *Rheinische Post*, 25. 9. 1998
Schmidt-Mühlisch: »Die Traurigkeit der Lebensmittelhändler«, in: *Die Welt*, 7. 3. 1998
Schöwing, Torsten: »Phantom der Nachkriegszeit«, in: *wortlaut.de. Göttinger Zeitschrift für neue Literatur* 1998
Schulz, Gerhard: »Das dauerhafte Grinsen im Opel Admiral«, in: *Frankfurter Allgemeine Zeitung*, 24. 3. 1998

Steinert, Hajo: »Der untote Bruder«, in: *Focus*, 6.4.1998, S. 144–145
Stemmer-Rathenberg, Anke: »Hans-Ulrich Treichel: Der Verlorene«, *Deutsch betrifft uns*, 3/2003, Aachen 2003
Stickler, Jeanette: »Wäre er doch verhungert«, in: *Rheinischer Merkur*, 13.3.1998
–: »Was ich betreibe, ist die Erfindung des Autobiographischen.« Interview, in: *Frankfurter Rundschau*, 4.3.1998
Tammen, Johann P.: »Einer sitzt da und lacht«, in: Freund, Wieland/ Winfried Freund (Hg.): *Der deutsche Roman der Gegenwart*, München 2001, S. 197–206
uls: »Blick in den Spiegel«, in: *Handelsblatt*, 17./18.4.1998
Wilczek, Reinhard: »Familienkonflikte als Thema der Gegenwartsliteratur«, in: *Deutschunterricht*, 1/2003, S. 21–25
–: »Nicht an das gute Alte, sondern an das schlechte Neue wollen wir anknüpfen.« Interview, in: *Literatur im Unterricht – Texte der Moderne und Postmoderne in der Schule*, 1/2003, S. 29–38
Würtz, Hannes: »Findelkind 2307«, in: *Neues Deutschland*, 29.5.1998

Internet

www.ub.fu-berlin.de./internetquellen/fachinformationen/germanistik/autoren/multi_tuv/treichel.html
(umfangreiches Portal zu Hans-Ulrich Treichel)
www.uni-leipzig.de/~dll/text/xtreichv.htm
(Schriftenverzeichnis)
www.goethe.de/ms/war/projekt/treichel.htm
(Unterrichtsprojekt)

9.3 **im letzten Kriegsjahr**: 1945; gemeint ist der Zweite Weltkrieg (1.9.1939–8.5.1945).

9.23 **Box**: Fotoapparat, der durch Handlichkeit und Preisgestaltung populär wurde; 1932 verkaufte AGFA rund eine Mio. Stück, eine Renaissance erlebten die »Boxen« (es gab etwa 150 Modelle von verschiedenen Herstellern) Anfang der 1950er-Jahre.

11.15–16 **auf der Flucht vor dem Russen**: Zu Beginn des Zweiten Weltkriegs lebten in heute poln. Gebieten rund zehn Mio. Deutsche bzw. Deutschstämmige; eine große Fluchtwelle setzte ab Oktober 1944 mit dem Vordringen der Roten Armee in die Gebiete Ostpreußens ein. Ende Januar 1945 hatte die Rote Armee Ostpreußen eingeschlossen.

11.19 **Trecks**: Als ›Treck‹ wird ein Zug von Menschen (meist Flüchtlinge oder Siedler) bezeichnet, die mit ihrem Besitz (auf Wagen) ihre Heimat verlassen.

16.2 **Bismarckturm**: In ganz Deutschland wurden (v.a. nach 1900) Turmbauten errichtet zu Ehren von Graf Otto von Bismarck (1815–1898, erster Kanzler des Deutschen Reiches 1871–1890). Architektonisches Vorbild ist das von Wilhelm Kreis (1873–1955) 1899 geschaffene Burschenschaftsdenkmal; Kreis selbst entwarf rund 50 Türme.

16.21 **pietistischen**: Pietismus (lat. pietas: Frömmigkeit), eine im 17. und 18. Jh. entstandene religiöse Bewegung des dt. Protestantismus mit asketischer Tendenz, die durch vertiefte Frömmigkeit und tätige Nächstenliebe die Orthodoxie zu überwinden suchte. Um 1700 wurde Halle zu einem pietistischen Zentrum; das von A. H. Francke begründete Waisenhaus stellte Strenge und Sparsamkeit als Tugenden ins Zentrum der pädagogischen Bemühungen und beeinflusste insbesondere die preuß. Adelserziehung (bes. Friedrich Wilhelm I.).

17.21 **Ford, dem sogenannten Buckeltaunus**: Bereits 1939 wurde der erste Ford Taunus gebaut (benannt nach dem dt. Mittelgebirge). Nach dem Krieg wurde 1948 die Produktion wieder aufgenommen. Gebaut wurde der seiner runden Form wegen so genannte »Buckeltaunus« in verschiedenen Modellvarianten bis 1951.

Opel Olympia: Seit 1947 gebautes Modell der Opel-Werke. 17.25

Haifischzähnen: Gemeint ist der ab 1953 gebaute Opel Kapitän; der Kühlergrill hatte die Form von Haifischzähnen. 17.26–27

DKW: Für die Motorrad- und Autoproduktion übernommene Abkürzung von »Dampf-Kraft-Wagen« (entsprechende Versuche um 1915); die DKW-Werke fusionierten 1932 mit anderen Firmen zur Autounion. 18.33

Fernseher: 1952 begann die Ausstrahlung eines Fernsehprogramms für die Bundesrepublik; 1957 zählte man schon rund eine Mio. Fernsehzuschauer. In den 1950er-Jahren war der Fernseher auch ein Wohlstandssymbol und Prestigeobjekt. Der Durchbruch zum Massenmedium gelang 1959: Täglich wurden 5000 Geräte verkauft, Ende des Jahres gab es zwei Mio., 1960 vier Mio. Teilnehmer. 20.3

Wochenlosung: Auf den Grafen Zinzendorf (1700–1760) zurückgehender Brauch, der Gemeinde zur Erbauung eine »Losung« bzw. »Parole« für den nächsten Tag (Sprüche aus der Bibel oder eine Gesangbuchstrophe) mitzugeben. 21.27

Füllhorn: Von lat. cornu copiae; in der antiken Mythologie stilisiertes gewundenes Horn, aus dem Blumen und Früchte quellen, als Sinnbild der Fülle und der Fruchtbarkeit; Attribut verschiedener Götter, z. B. der Fortuna, der Göttin des Schicksals. 29.9

beiden Weltkriegen: Erster Weltkrieg 1914–1918; Zweiter Weltkrieg 1939–1945. 31.26

Suchdienstes des Roten Kreuzes: Am Ende des Zweiten Weltkrieges waren rund 30 Mio. Deutsche voneinander getrennt; gegründet wurde der Suchdienst in München 1945. 1950 erlässt die Bundesregierung einen offiziellen »Aufruf zur Registrierung der Kriegsgefangenen und Vermissten«, es entsteht eine zentrale Namensdatei. Von den in den Nachkriegsjahren gestellten rund 17 Mio. Suchanträgen konnten rund 14 Mio. geklärt werden, bis zum heutigen Tag gibt es ca. 1,4 Mio. ungeklärte Suchanfragen. 34.15–16

Trigeminusneuralgie: Eine Neuralgie ist ein Schmerz, der durch eine Nervenschädigung verursacht wird. Bei der Trigeminusneuralgie betrifft dies meist den Ober- und Unterkiefer und den Mund. Heute medikamentös behandelbar. 38.15–16

Fingerbeerenmuster: Jene genetisch fixierten, d. h. durch Verer- 40.6

bung festgelegten Muster an der Innenseite des ersten Fingerglieds, die den singulären Fingerabdruck des Menschen bilden.

40.7–8 **Doppelschleifen, Leisten und Wirbeln**: (Papillar-)Leisten sind jene Erhöhungen und Vertiefungen der Fingerhaut, deren Muster den Fingerabdruck bilden. Diese Muster werden Doppelschleifen oder Wirbel genannt.

42.5 **Mündel**: Jemand, dessen Rechte eine andere Person (ein Vormund) vertritt, weil er keine Eltern hat oder aus gesundheitlichen Gründen nicht in der Lage ist, ein selbst bestimmtes Leben zu führen.

43.10 **Pranger**: Säule oder Pfahl, Stelle auf einem der Öffentlichkeit zugänglichen Platz, an der (v.a. im Mittelalter) jemand wegen einer als straf- oder verachtungswürdig empfundenen Tat angebunden stehen musste, um ihn so der allgemeinen Verachtung auszusetzen.

43.30 **Schillerkragen**: Offener Hemdkragen, über den Kragen des Gehrocks (heute: Jackett) geschlagen, benannt nach den Porträts von Friedrich Schiller (1759–1805).

43.34 **Anthropologisches Institut**: Anthropologen der Biologie und Medizin erforschen die Phylogenese (Stammesentwicklung) und Ontogenese (Individualentwicklung) des Menschen in Bezug auf Wachstum und Konstitution.

46.21–26 **eine hohe Stirn […] ihm Tubera frontelia**: Jeder Schädel ist asymmetrisch gestaltet, jede Stirn besitzt eine individuelle Form und Größe; besonders charakteristisch sind die zur Stirn gehörenden Höcker bzw. Vorsprünge (Tubera frontelia).

46.31 **Lidspalte**: Spalte zwischen Ober- und Unterlid des Auges, die Lidränder befinden sich in einem spezifischen Winkel zueinander.

47.14–15 **Tierohrspitze**: Rudimentäres Relikt des (meist spitzen) Tierohres im oberen Knorpelrand des Ohres.

49.32–33 **»Polenwirtschaft«**: Stark verunglimpfender Ausdruck für eine schlampige, unordentliche Haushaltung.

52.15 **Opel Admiral**: Ab 1964 hergestellte Modellreihe.

56.10–11 **Gerichtspathologische Institut**: In der Pathologie werden Gewebe und Körperflüssigkeiten analysiert; die Gerichtspathologie (forensische Pathologie) sucht in der Regel nach medizinischen Indizien zur Aufklärung von Verbrechen.

Rohrerindex: Benannt nach dem Schweizer Physiologen Fritz Rohrer (1888–1926); der Index (das Verhältnis verschiedener Größen zueinander) hat die Formel Gewicht x 100 : Länge und gibt Auskunft über die Körperfülle (Normalwert 1,4). 61.4–5

Forensische Psychiatrie: Forensisch: für die Rechtsprechung von Belang; Psychiatrie: medizinische Wissenschaft von der Erforschung und Behandlung von Krankheiten bzw. Funktionsstörungen des Gehirns. 62.25–26

Leichenfledderer: (fleddern: aus dem Rotwelsch »fladern« – waschen), ursprünglich sind diebische Leichenwäscher gemeint, allgemein für Tote ausrauben, bestehlen. 64.33–34

Kieferwinkelbreite: Übergang des Unterkieferkörpers in zwei aufwärts steigende Unterkiefer-Äste. 73.14

Karl Theodor: Karl Theodor (1724–1799), ab 1743 Kurfürst von der Pfalz und (ab 1778) von Bayern. 75.9

Mittelfußmuster: In der medizinischen Anatomie wird der Fuß in drei Teile gegliedert: in Fußwurzel, Mittelfuß und Zehen. Ähnlich wie die Finger bildet auch die Haut der Füße spezielle Muster, hinzu kommt eine charakteristische Anatomie der Fußwölbung. 77.26

großscheibigen Wirbel und […] zeige Spiralwirbel: Beschreibungen der Muster, die die Fußhaut bildet (hier wird die dünnere Haut der Innenseite der Fußwölbung – »Felderhaut« – von der derberen Hornhaut – »Leistenhaut« – unterschieden). 77.28–31

Triradius: Besondere Musterkonvergenz des Fingerabdrucks. 77.32

Jochbreite: Gemessen wird der Abstand zwischen den hervorstehendsten Punkten der Wangen. 89.12

Hasenscharte: Angeborene Fehlbildung der Oberlippe, die bei der Hasenscharte gespalten ist. 92.16

Farb- und Integumentmerkmale: Integument (lat.: Bedeckung), Gesamtheit aller Hautschichten der Körperoberflächen. 93.20–21

eidesstattlichen Erklärung: Anstatt eines Eides; Eid: Schwur vor einer zuständigen Instanz, besonders vor Gericht. 94.26

logarithmisch: Zu Logarithmus: Zahl, mit der man eine andere Zahl (Basis) potenzieren muss, um eine vorgegebene Zahl (Numerus) zu erhalten. 95.9

Hollerith-Lochkartenuntersuchung: Mechanisch-elektrischer Vorläufer der Computer, benannt nach dem Erfinder Hermann 95.10

Hollerith (USA, 1860–1929). Daten werden zu Lochmustern kodiert, durch die Löcher kann ein elektrischer Kontakt hergestellt werden. Hollerith gründete die Tabulating Machine Company (1896), die später in International Business Machines Corporation (IBM) umbenannt wurde.

101.7–8 **Lastenausgleich**: Finanzausgleich zur Milderung der Schäden und Verluste aus Vertreibung und Zerstörungen der Kriegs- und Nachkriegszeit; in verschiedenen Stufen wird ein umfangreiches Programm beschlossen: Im August 1949 tritt das Gesetz zur Milderung sozialer Notstände in Kraft, das die Soforthilfe für Vertriebene und Flüchtlinge, Kriegssach- und Währungsgeschädigte sowie politisch Verfolgte regelt. Insgesamt werden fast 6,4 Mrd. DM für Unterhalt, Wohnungsbau, Ausbildung und Existenzaufbau bereitgestellt. Ehemalige Kriegsgefangene erhalten durch das Heimkehrergesetz vom 19.6.1950 besondere Rechte und Vergünstigungen. Das Bundesversorgungsgesetz vom 20.12.1950 sichert den Kriegsbeschädigten und Hinterbliebenen Heilbehandlung und Renten zu. Jährlich werden hierfür 3,2 Mrd. DM ausgegeben. Von größter Bedeutung ist das »Gesetz über den allgemeinen Lastenausgleich« vom 14.8.1952, das die Schäden und Verluste der Vertriebenen und Flüchtlinge auszugleichen versucht; bis Dezember 1980 werden rund 104 Mrd. DM als Entschädigungshilfen gezahlt.
(Quelle: Deutsches historisches Museum – online unter www.dhm.de); vgl. hierzu auch Treichel, Hans-Ulrich: »Der Lastenausgleich«, in: *Frankfurter Rundschau*, 25.1.2001.

104.5 **Porta Westfalica**: Landschaftsbezeichnung für das Durchbruchstal der Weser zwischen Weser- und Wiehengebirge.